はばたけ！
韓国語 ライト版 **1**

きむ・じな　のま・ひでき　むらた・ひろし
金珍娥・野間秀樹・村田寛 著

JN069544

朝日出版社

『はばたけ！ 韓国語　ライト版1』

サイト URL

https://text.asahipress.com/text-web/korean/habakanl1/index.html

ようこそ,『はばたけ！ 韓国語 ライト版 1』へ！

　ようこそ,『はばたけ！ 韓国語 ライト版 1』へ！ これで皆さんの韓国語のスタートはもう大丈夫です．ことばを学ぶには次のことが大切です：

- ① 学ぶに値することを学ぶこと
- ② 体系的に学ぶこと
- ③ そして楽しく学ぶこと

　このために,『はばたけ！ 韓国語 ライト版 1』,略して『はばかん 1』は,次のように作られています：

- ① 学んだらすぐにでも使えるような,真にリアルで,実践的な表現を学ぶ
- ② 1 を聞いて 10 を,100 を知ることができるよう,体系的に学ぶ
- ③ 簡潔な説明,明快な図解と共に,書きながら学ぶ
- ④ 日本語と韓国語を対照しながら知的に学ぶ
- ⑤ 記憶に残る,いきいきとしたストーリーで楽しく学ぶ

　プロの声優さんたちの録音は,繰り返し聞くに足る,楽しい音のドラマの世界を作り上げています．繰り返し聞くことによって,声優さんたちのことばが,知らず知らずのうちに,皆さんの口をついて出て来るようになるでしょう．

　『はばかん 1』は,「これは何ですか ——これは本です」などという無内容な例文を押しつけたり,日本語もなしに例文だけ掲げ,機械的な辞書引き作業だけに貴い青春を費やさせるようなことはしません．20 年,30 年前のこうした言語学習とは決別しましょう．日本語訳は掲げてあります．皆さんの時間は,『はばかん 1』の表現を覚えて実際に用いるためにこそ,使ってください．ことばで心と心を交わすために使ってください．

　『はばかん 1』は朝鮮言語学,対照言語学,言語教育学の最先端の研究に学び,皆さんが最小の努力で,最も大きなもの,大切なものを得られるよう,心を砕きました．まさに同時代の皆さんのための教科書です．皆さんが『はばかん』と出会ったことで,もうことばを学ぶことの正しい入門は果たされました．さあ,共に,はばたけ！ 韓国語へ！ 韓国語から！

著者一同

目　次

装丁・イラスト ─ 野間秀樹・メディアアート

韓国語は，どんなことば？

 韓国語とは？　ハングルとは？

「**韓国語**」は朝鮮半島などで用いられている言語の名称．「**朝鮮語**」とも呼ばれる．「**ハング ル**」は韓国語を表すのに用いられている文字の名称．言語名ではない．例えば「日本語」や「英語」は言語名であり，日本語という言語を表記する文字の名称が「ひらがな」「カタカナ」「漢字」，英語を表記する文字が「ローマ字」や「ラテン文字」と呼ばれるように，言語の名称と文字の名称は区別せねばならない．「ハングル語」などは誤用．

 韓国語はどこで用いられているの？

韓国語＝朝鮮語は大韓民国と朝鮮民主主義人民共和国を始め，世界の様々な地域で用いられている．そのうち，大韓民国と朝鮮民主主義人民共和国では，規範となるそれぞれの標準語と，文字表記の規範である正書法が定められている．共和国の標準語は문화어〈文化語〉と呼ばれている．標準語や正書法の南北の違いはわずかである．

言語の名称は韓国では한국어〈韓国語〉，朝鮮民主主義人民共和国では조선어〈朝鮮語〉と呼ぶ．南北共に文字の名称は한글（ハングル）．呼称が異なるだけで，同じ言語，同じ文字である．

	大韓民国	朝鮮民主主義人民共和国
言語の名称	韓国語	朝鮮語
文字の名称	ハングル	

 南北の言語はどれほど異なるの？

日本語も東京と大阪など，地域により方言の違いがある．同様に韓国の首都であるソウルと共和国の首都である平壌も方言の違いがある．それぞれ首都の言語を標準語の基礎に据えているので，南北の標準語には方言の違いのような差異がある．また政治的，社会的な制度が異なるため，そうした関連の語彙も，少し異なる．ただし南北の標準語の違いは，韓国内のソウル方言とプサン方言との違いや，日本語の東京方言と大阪方言の違いほど大きくはないと言える．

朝鮮半島以外で韓国語が使われているところは？

　韓国の人口は5,184.6万（2019年），共和国の人口は2,577.8万（2020年），単純に加算すると，7,762.4万．なお，韓国の在留外国人は252.5万で人口の4.9%．また韓国の外務省に相当する外交部の，2019年の在外同胞統計を見ると，米国254.7万，中国246.1万，日本45.0万（南北の帰化した人々を含めると，82.5万），カナダ24.2万，ウズベキスタン17.7万，ベトナム17.3万，ロシア17.0万，オーストラリア16.7万など，計749.4万名の在外同胞つまり在外韓国人が居住していると報告されている．参考までに，日本国内の在留外国人数は288.6万人（2020年），在外日本人数は141.0万（2019年）となっている．

　朝鮮半島に隣接する中国には，延辺（연변）朝鮮族自治州という行政単位がある．ロシアのサハリンや沿海州，また中央アジアのカザフスタンやウズベキスタンにも韓国語話者が多い．中央アジアの人々，旧ソ連時代に東アジアから強制移住された人々とその子孫．中央アジアの韓国語は고려말（高麗語）と呼ばれることがある．また米国，カナダ，オーストラリアなどの韓国語話者は，解放後つまり1945年以降に移住した人々が多い．なお，日本に住む人々が皆，日本人で，日本語を話すというわけではないことを見ても解るように，個人の言語と民族と所属する国家はもともと一致するものではない．朝鮮半島以外に居住する韓国語話者は，2言語や3言語状態の社会で暮らす人々が少なくない．

　　参照：在外同胞現況 外交部 (mofa)
　　http://www.mofa.go.kr/www/wpge/m_21507/contents.do

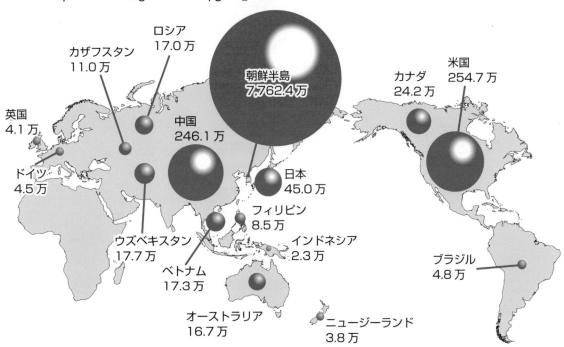

韓国語の話者はこのように 8,000 万内外と調査されており，7,000 種類を超えると言われる（2020 年 Ethnologue によると 7,117 言語）世界の言語のうち 15 位前後で，話者が大変多い言語である．

 ## ハングルはいつ生まれたの？

　ハングルは朝鮮王朝（1392-1897 年）第 4 代の王である世宗（セジョン）（1397-1450 年，在位 1418-1450 年）が創り，訓民正音（くんみんせいおん）という名で 1446 年に頒布（はんぷ）した．それ以前は，話す際にはその当時の朝鮮語，書く際には，漢字を用いて，古典中国語である漢文で書いた．こうした二重言語状態の時代が続いていた．漢字は紀元前後に朝鮮半島に伝わっている．ただし文字を用いるのは，基本的には支配階級の人々が中心であった．

 ## 韓国語はどんな単語で構成されているの？

　韓国語の単語はそれぞれどのように作られているのかといった，由来の観点から大きく 4 つに分けることができる．

韓国語

1) 하나（ハナ）ひとつ．　여기（ヨギ）ここ．　마음（マウム）心．　　　　固有語

2) 일（イル）一．　이（イ）二．　시민（シミン）市民．　우주（ウジュ）宇宙．　漢字語

3) 원（ウォン）ワン（1）．　투（トゥ）ツー（2）．　인터넷（イントネッ）インターネット．　外来語

4) 안전벨트（アンジョンベルトゥ）安全ベルト．　삼각김밥（サムガクキムパブ）三角おにぎり．　混種語

日本語

1) 'ひとつ'，'ここ'，'心'　和語，つまり　**固有語**

2) '宇宙'，'市民'，'愛情'　漢語，つまり　**漢字語**

3) 'アパート'，'インターネット'，'ラブ'　**外来語**

4) '安全ベルト'，'三角おにぎり'　**混種語**

　韓国語の語彙の構造は日本語とよく似ている．

　表記の上では，全ての単語をハングルで表記できるが，漢字語だけは漢字でもハングルでも表記できる．日本語では "夢を見る" や "山に登る" のように固有語も訓読みをして漢字で表記したり "珈琲"（コーヒー）や "檸檬"（レモン）のように外来語も漢字で表記することがあるけれども，韓国語では漢字語以外は漢字で表記することはない．

Q7 漢字語とは何？

　漢字語は,「会」+「社」+「員」で「会社員」という単語ができるように,漢字と漢字の音を単位にして構成されている単語を言う. もともと中国語にあった単語が,韓国語や日本語に入ったものもあるし,韓国語圏や日本語圏で独自に造った漢字語もある.「苦生」は「苦労」の意の韓国語の漢字.「哲学」は日本語圏で近代に造られ,韓国語（철학 チョル＋ハ_ク）や中国語（zhé + xué チョ＋シュエ）にも入っている.「図書館」は中国語では"图书馆"（túshūguǎn）[トゥシュクァン],韓国語では"圖書館""도서관"[トソグァン],日本語なら"図書館"と書いて[としょかん]と発音されている. 漢字1文字はハングルでも必ず1文字になる.

	会(會)	社(社)	員(員)
日本語	カイ	シャ	イン
韓国語	フェ	サ	ウォン
	회	사	원

会社 フェ + サ 　회사　　社員 サ + ウォン 　사원

会員 フェ + ウォン 　회원　　社会 サ + フェ 　사회

　朝鮮民主主義人民共和国では既に1950年代から基本的にハングルのみ使用している. 大韓民国でも一般の文字生活では漢字を用いない. ハングルのみで書く〈ハングル専用〉が基本的な趨勢と言える.

Q8 文法はどんな感じ？

　韓国語の文法的な構造は日本語ととてもよく似ている. 語順は日本語とほぼ同じ."I love you"ではなく,日本語のように"I you love"となる. 主語は日本語同様,必要なときだけ用いればすむ. 日本語のように"愛してるよ"だけでも言える.

　例えば,「昨日公園で会った先輩は,私が小学校のとき私たちの隣の家に住んでいたお姉さんでした」のように,英語であれば関係代名詞などを使うような複雑な文でも,韓国語では概ね同じ語順で言うことができる.

　「てにをは」,つまり助詞がある点も,日本語と同じ. 英語や中国語には助詞がないので,英語や中国語の母語話者に韓国語の助詞,例えば「…が」にあたる"ーフト"[ガ]と「…は」にあたる"ー는"[ヌン]の違いを説明するのは,容易ではない. 日本語母語話者には"ーフト"[ガ]は「…が」に,"ー는"[ヌン]は「…は」に相当する助詞だという説明だけで,おおよそのことが解る.

文字と発音(1) 母音

제 1 과

1　ハングルの構造

　韓国語の文字であるハングルは，1文字が1音節を表す音節文字であるが，同じ音節文字である日本語のひらがなとは，文字の構造が異なる．その違いをローマ字とも比べながら，見てみよう：

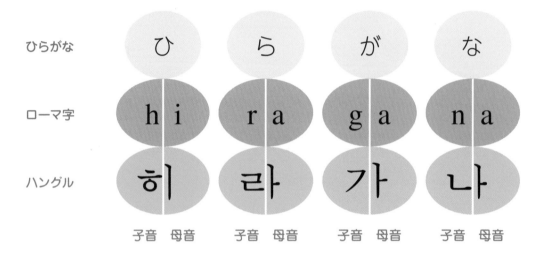

ひらがな	ひ	ら	が	な
ローマ字	hi	ra	ga	na
ハングル	히	라	가	나
	子音 母音	子音 母音	子音 母音	子音 母音

　○で囲んだひとまとまりが**音節**という音の単位である．ひらがなは1つの音節を子音と母音に分けられないのに対し，ハングルはローマ字同様，子音を表す部分と母音を表す部分とに分けられる．子音や母音を表すそれぞれを**字母**という．

　ハングルはローマ字同様，子音と母音を1つの字母で表わす単音文字（アルファベット）であると同時に，かな同様，1文字が1音節を成す音節文字でもある．つまり，**1音を表わす字母が組み合わさって1音節を表わす文字を成す**.

　日本語の音節は，例えば「ひ」は"h + i"のように，「**子音 + 母音**」の構造が多いが，韓国語は「**子音 + 母音**」の組み合わせのみならず，子音がもう一個ついた「**子音 + 母音 + 子音**」の構造の音節も多い.

2

ハングルという文字の構造は母音字母の位置によって 2 つのタイプに分けうる:

● **母音字母が子音字母の右側にあるタイプ**　　● **母音字母が子音字母の下にあるタイプ**

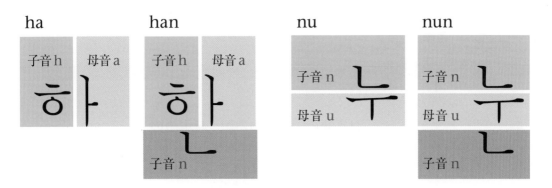

　"han" のようにローマ字は横 1 列に並べて書くが, ハングルは横に並べて書かず, 1 音節を上の図のように「한」と組み合わせて 1 文字とする.

　音節の最初の子音は「初声」, 次の母音は「中声」, 最後の音節末の子音は「終声」という:

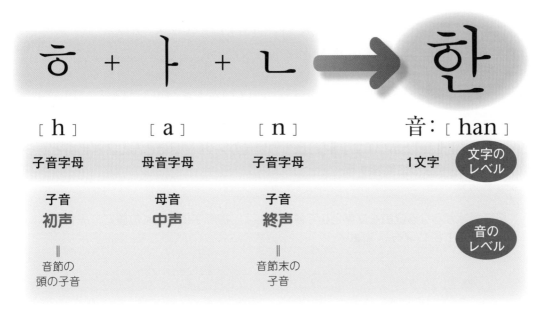

check! 文字と発音を学ぶにあたっては, 音のレベルと, その音を表す文字のレベルは, 常に区別して考えよう.

単母音

単母音は8つある．単母音を表す字母を，日本語の単母音5つと対照してみよう：

日本語の単母音	字母	発音表記	発音の仕方	
あ	ㅏ	[a]	日本語の「あ」とほぼ同じ．口を大きく開けて「あ」	
い	ㅣ	[i]	日本語の「い」と似るが，日本語の「い」よりも口を横に引いて「い」	
う	ㅡ	[ɯ]	ㅣと同じ口の形のまま「う」	平唇の「ウ」
	ㅜ	[u]	唇をすぼめ，円く前に突き出して「う」	円唇の「ウ」
え	ㅔ	[e]	日本語の「え」とほぼ同じ．やや口を狭めて「え」	狭い「エ」
	ㅐ	[ɛ]	日本語の「え」よりも口を開いて「え」	広い「エ」
お	ㅗ	[o]	日本語の「お」よりも唇をすぼめ，円く前に突き出して「お」	狭い「オ」
	ㅓ	[ɔ]	日本語の「お」よりも口を大きく開いて「お」	広い「オ」

狭い「エ」ㅔ[e]と広い「エ」ㅐ[ɛ]は今の現代のソウルではほとんど区別せず，どちらも日本語の「エ」のように発音する．

母音だけからなる音節を文字として書くときは，初声字母を書く位置に，子音がないことを表す字母「ㅇ」（イウん）を書く：

① を中心にできている縦長の字母 아, 이, 에, 애, 어 はその左に「ㅇ」を書き，ㅡ を中心にできている横長の字母 으, 우, 오 は上に「ㅇ」を書く．

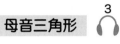

ひらがなで示された日本語の 5 つの母音と対照してみよう：

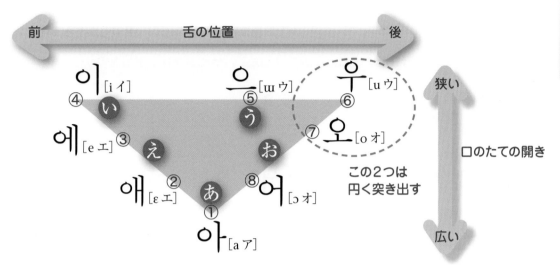

前　　　　　　　　舌の位置　　　　　　　　後

이 [i イ] ④

으 [ɯ ウ] ⑤

우 [u ウ] ⑥

狭い

에 [e エ] ③　え

お

오 [o オ] ⑦

口のたての開き

애 [ɛ エ] ②　あ

어 [ɔ オ] ⑧

い

う

この 2 つは
円く突き出す

아 [a ア] ①

広い

単母音を表す字母を書いて発音しなさい：

아	[a]				
이	[i]				
으	[ɯ]				
우	[u]				
에	[e]				
애	[ɛ]				
오	[o]				
어	[ɔ]				

4 **半母音** _{はんぼいん} 🎧 ⁴　　　　　　　　　　　この発音記号は［ヨット］と読む

●日本語の「ヤ」のように単母音の前に半母音［j］がついた音がある：

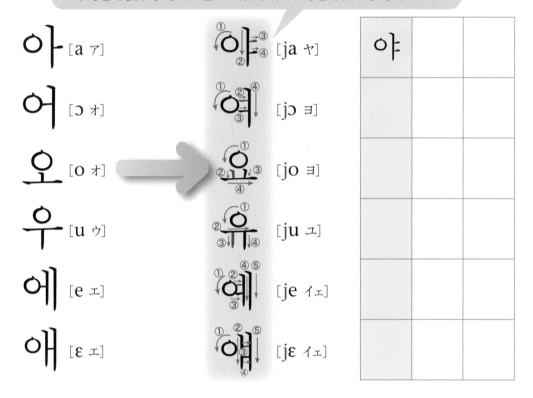

単母音		半母音を伴う音		発音しながら3回書く		

●日本語の「ワ」［wa］のように単母音の前に半母音［w］がついた音がある．半母音［w］を伴う音は，日本語の「ワ」よりさらに唇を丸めて発音する：

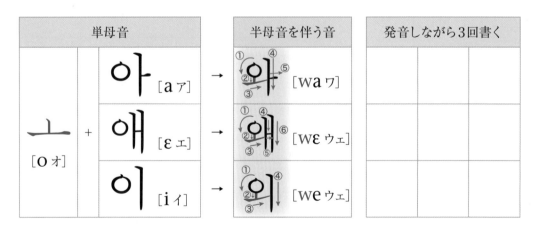

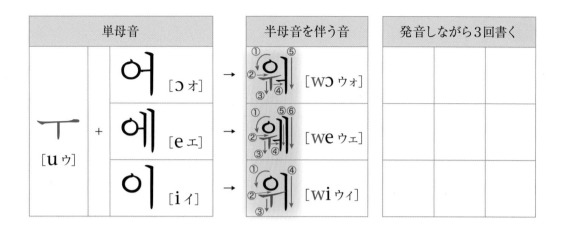

単母音		半母音を伴う音	発音しながら3回書く		
┬ [u ゥ]	+	어 [ɔ ォ] → 워 [wɔ ゥォ]			
		에 [e エ] → 웨 [we ゥェ]			
		이 [i イ] → 위 [wi ゥィ]			

5 <ruby>二重母音<rt>にじゅうぼいん</rt></ruby> 🎧 5

ㅡ[ɰ ウ]と ㅣ[i イ]を組み合わせた二重母音 ㅢ[ɰi ウイ]がある：

ㅢ [ɰi ウイ]

ㅢ[ɰi ウイ]は唇を横に引いた[i]の形のまま発音する.
의 は，現れる位置によって3通りの発音がある：

文字 의 の発音

① **語頭で**
의외 [ɰiwe] 〈意外〉（意外）　　[ɰi ウイ]

② **「…の」の意味で**
아이의 우유 [aie uju]　　[e エ]
〈—牛乳〉（子供の牛乳）

③ **語頭以外で**
예의 [jei] 〈禮儀〉（礼儀）　　[i イ]

check!
▶ 漢字でも書ける単語，つまり漢字語は，本書では〈　〉内に漢字を入れて示す.
漢字の発音にも注目して楽しもう. ➡ p.130 参照
[ː] は母音を長くのばす記号➡ p.15

7

6

●ユアといきなり会話1

이 유아〈李 有雅〉さんが初めて日本の留学先の大学に来ました．正門の前で感無量です．

❶ 유아 ： 와.

이 유아〈李 有雅〉さんがキャンパスを歩いて感嘆します．

❷ 유아 ： 이야.

チューターに会うため、大学の留学生会館を探しています．ひょっとしてあの建物かしら？

❸ 유아 ： 어？

あ、留学生会館だ．やったぞ！

❹ 유아 ： 예.

チューターの유이 아야에〈由比 綾絵〉さんが待っていました．

❺ 유아 ： 이 유아예요.

❻ 아야에 ： 아！유이 아야에예요.

単語 단어

이 유아	〈李 有雅〉[ijua] 名 イ・ユア．人名
와	[wa:] 間投詞 わあ．感嘆を表す．最後の [a] 音を引いて発音する．
이야	[ija:] 間投詞 やー．感嘆を表す．最後の [a] 音を引いて発音する．
어？	[ɔ] 間投詞 あれ？不思議さや疑問を表す．イントネーションを上げる．
예	[je:] 間投詞 イェー．ことがうまく進んだときなどの喜びを表す．
아	[a:]~[a] 間投詞 あ．納得したときや気づいたときなどの感嘆を表す．
−예요	[ejɔ]~[jejo] 指定詞 …です．名詞など体言につけて「…です」を表す，丁寧な表現．
유이 아야에	[jui ajae] 名 ユイ・アヤエ（由比 綾江）．日本語圏の人名をハングルで表記している．日本語の名前の書き方は第 7 課 p.82 で詳しく学ぶ

check!

🖊 −예요 [ejɔ]~[jejo] …です.

文字通りに読むと，[jejo イェヨ] だが，実際の会話では예 [je イェ] は [에 e エ] に，また末尾の요は唇を丸くすぼめるのではなく，より開くので，ほとんど [에여 ejɔ エヨ] に近く発音．「…です」という平叙文では末尾のイントネーションは下げる．第5課で詳しく整理する.

☀ 次の表現をハングルで書き，会話してみよう.

① 感嘆する「わあ」　_____　② 感嘆を表す「やー」　_____

③ 疑問を表す「あれ？」 _____　④ 喜びを表す「イェー」 _____

⑤ 感動を表す「あ」　_____　⑥ イ・ユアです.　_____

☀ 次の単語を読み、書いてみよう。 🎧 **7**

① 여우 [jɔu]（きつね）_____　② 우유 [uju]（牛乳）_____

③ 오이 [oi]（きゅうり）_____　④ 예 [je]（はい）_____

⑤ −예요？[ejɔ]（…ですか）　⑥ −예요 [ejɔ]（…です）

_____　_____

☀ 上から単語を選び、表現を完成させ、会話をしてみよう.

① 牛乳ですか？　　　　　　　　── はい，牛乳です.

　➜

② （絵を見て）あれ？きゅうりですか？ ── ええ，きゅうりです.

　➜

③ （写真を見て）あ，ユアですか？　── はい，ユアです.

　➜

일

母音字母のまとめ

	ア行		口の形	ヤ行	ワ行 ⊥ +	ワ行 ⊤ +	二重母音
ア	ㅏ [a ア]	口を大きく開いて「ア」		ㅑ [ja ヤ]	ㅘ [wa ワ]		
イ	ㅣ [i イ]	唇を横に引いて「イ」			ㅚ [ø]>[we ウェ]	ㅟ [wi ウィ]	
ウ	ㅜ [u ウ]	唇を丸く尖らせて「ウ」		ㅠ [ju ユ]			
ウ	ㅡ [ɯ ウ]	平らな「イ」の唇の形で「ウ」					ㅢ [ɯi ウィ]
エ	ㅔ [e エ]	狭い「エ」現在は「エ」		ㅖ [je イェ]		ㅞ [we ウェ]	
エ	ㅐ [ɛ] ~ [e エ]	もとは広い「エ」現在は「エ」		ㅒ [jɛ] ~ [je イェ]	ㅙ [wɛ] ~ [we ウェ]		
オ	ㅗ [o オ]	唇を丸く尖らせて「オ」		ㅛ [jo ヨ]			
オ	ㅓ [ɔ オ]	口を広めに開いて「オ」		ㅕ [jɔ ヨ]		ㅝ [wɔ ウォ]	

チャレンジ 1

1 次の表を完成させ，発音しなさい. 🎧 8

●単母音

あ	い	う		え		お	
아	이	으	우	에	애	오	어

●単母音の前に半母音 [j] がついた音

야[ja ヤ]	여[jɔ ヨ]	요[jo ヨ]	유[ju ユ]	예[je イェ]	얘[jɛ イェ]

●単母音の前に半母音 [w] がついた音，二重母音 의

와 [wa ワ]	왜 [wɛ ウェ]	외 [we ウェ]	워 [wɔ ウォ]	웨 [we ウェ]	위 [wi ウィ]	의 [ɯi ウィ]

2 次の単語を読み，書いてみよう． 🎧 9

① 이 [i] (2)

② 오 [o] (5)

③ 이유 [iju] (理由)

④ 여우 [jɔu] (きつね)

⑤ 예의 [jei] (礼儀)

⑥ 위 [wi] (上)

⑦ 아이 [ai]
（子供：書きことば）

⑧ 애 [ɛ]
（子供：話しことば）

⑨ 우유 [uju] (牛乳)

⑩ 오이 [oi] (きゅうり)

⑪ 예 [je] (はい)

⑫ -예요 [ejɔ] (…です)

⑬ -예요? [ejɔ]
（…ですか?）

⑭ 왜요? [wɛjɔ]
（どうしてですか）

⑮ 아야에 [ajae]
（アヤエ：人名）

⑯ 유아 [jua]
（ユア：人名）

⑰ 와 [wa]
（わぁ：間投詞）

⑱ 여유 [jɔju]
〈餘裕〉（余裕）

3 次を韓国語に訳し，対話しなさい．

① わあ，きつねですか？ ── ええ，きつねです．

② あれ？牛乳ですか？ ── ええ，子供の牛乳ですよ．どうしてですか．

③ あ，ユイ・アヤエです． ── イ・ユアです．（ハイタッチ）イェ～．

13

文字と発音(2) 子音(初声)

2.1 初声

初声は音節の最初に現れる子音で，発音の仕方により，**鼻音，平音，激音，濃音，流音**に分けることができる.

2.2 鼻音 🎧10

鼻音は肺から出る空気が鼻に抜ける音：

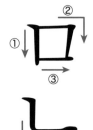

字母		発音
ロ	[m]	日本語のマ行の子音とほぼ同じ
ㄴ	[n]	日本語のナ行の子音とほぼ同じ

☀ 次の表を完成させ，発音しなさい.

鼻音と単母音の組合せ

	1	2	3	4	5	6	7	8
	ㅏ a	ㅣ i	ㅡ ɯ	ㅜ u	ㅔ e	ㅐ ɛ	ㅗ o	ㅓ ɔ
ロ m	마 ma	미 mi	므 mɯ	무 mu	메 me	매 mɛ	모 mo	머 mɔ
ㄴ n	나 na	니 ni	느 nɯ	누 nu	네 ne	내 nɛ	노 no	너 nɔ

2.2.1 次の単語を2回書き，発音しなさい．　[ː] は母音を長く発音する長母音の記号．
辞書では長母音が示されるが，現在のソウルでは長短の区別がなくなり，普通は
短く発音される．本書ではここ以降では基本的に表示しない．

① 너무 [nɔmu]（とても）　　　② 나 [na]（わたし．ぼく）

_____　　　_____

③ 누나 [nuːna]（〈弟に対する〉姉）　④ 메뉴 [menju]（メニュー）

_____　　　_____

⑤ 나무 [namu]（木）　　　　　⑥ 뭐 [mwɔː]（何）

_____　　　_____

⑦ 네 [ne]（はい）　　　　　　⑧ 아뇨 [aːnjo]（いいえ）

_____　　　_____

2.2.2 学んだ単語を用いて，表現を完成させ，会話をしてみよう．

① （子供の絵を見て）

　　a：何ですか．　　　―― **b**：木です．

　　➜

② （写真を指差して尋ねます）

　　a：お姉さんですか？　　―― **b**：はい，姉です．

　　➜

③ （写真を指差して尋ねます）

　　a：お姉さんですか？　　―― **b**：いいえ，わたしです．

　　➜

平音は強い息を伴わない音で，平音を表す字母として ㅂ, ㄷ, ㅈ, ㄱ, ㅅ の5つがある.
この中で ㅂ, ㄷ, ㅈ, ㄱ の字母で表される音は，語頭（単語の頭）では濁らない音，つまり
無声音だが，語中（単語の中）で母音などの有声音にはさまれると，濁って有声音になる：

字母	発音			
	語頭では，日本語の清音と同じ **無声音**		**語中**では，日本語の濁音と同じ **有声音**	
ㅂ	[p]	日本語のパ行の子音とほぼ同じ	[b]	日本語のバ行の子音とほぼ同じ
ㄷ	[t]	日本語のタ, テ, トの子音とほぼ同じ	[d]	日本語のダ, デ, ドの子音とほぼ同じ
ㅈ	[tʃ]	日本語のチャ行の子音とほぼ同じ	[dʒ]	日本語のジャ行の子音とほぼ同じ
ㄱ	[k]	日本語のカ行の子音とほぼ同じ	[g]	日本語のガ行の子音とほぼ同じ

参考 ㅂ, ㄷ, ㅈ, ㄱ は唇から喉へという，発音する位置の順序.

ㅅ[s], [ʃ] は語中でも濁らない：

ㅅ	[s], [ʃ]	日本語のサ行の子音とほぼ同じ. [i], [j] の前でも，日本語のシの子音と同じ[ʃ]

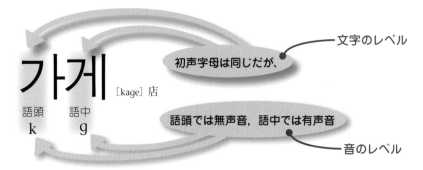

文字のレベル
初声字母は同じだが，

フ ├ 게 [kage] 店
語頭 語中
k   g

語頭では無声音，語中では有声音
音のレベル

ㅂ, ㄷ, ㅈ, ㄱ は語頭と語中で音が異なるが，この音の違いは韓国語の母語話者には意識され
ない.

次の表を完成させ，発音しなさい．

平音と単母音の組合せ

	1	2	3	4	5	6	7	8
	ㅏ a	ㅣ i	ㅡ ɯ	ㅜ u	ㅔ e	ㅐ ɛ	ㅗ o	ㅓ ɔ
ㅂ p	바 pa	비 pi	브 pɯ	부 pu	베 pe	배 pɛ	보 po	버 pɔ
ㄷ t	다 ta	디 ti	드 tɯ	두 tu	데 te	대 tɛ	도 to	더 tɔ
ㅈ tʃ	자 tʃa	지 tʃi	즈 tʃɯ	주 tʃu	제 tʃe	재 tʃɛ	조 tʃo	저 tʃɔ
ㄱ k	가 ka	기 ki	그 kɯ	구 ku	게 ke	개 kɛ	고 ko	거 kɔ
ㅅ s, ʃ	사 sa	시 ʃi	스 sɯ	수 su	세 se	새 sɛ	소 so	서 sɔ

2.3.1 次の単語を2回書き，発音しなさい．

① 누구 [nugu]（誰）

② 어디 [ɔdi]（どこ）

③ 저 [tʃɔ]（わたくし〈謙譲語〉）

④ 바다 [pada]（海）

⑤ 주스 [tʃusɯ]（ジュース）

⑥ 이거 [igɔ]（これ）

⑦ 그거 ［kɯgɔ］（それ） ⑧ 여기 ［jɔgi］（ここ）

⑨ 저기 ［tʃɔgi］（あそこ）

⑩ 여기요 ［jɔgijɔ］（どうぞ〈ものを渡すときなどに〉.
　　　　　　　　　　 すみません〈店などで店員に呼びかけるときに〉）

⑪ 드세요 ［tɯsejɔ］ ⑫ 주세요 ［tʃusejɔ］
　　（どうぞ〈お召し上がりください〉）　　　（〈ものなどを〉ください）

⑬ 고마워요 ［komawɔjɔ］ ⑭ 여보세요 ［jɔbusejɔ］~［jɔbosejo］
　　（ありがとうございます）　　　（もしもし〈電話などで〉.）

⑮ -세요? ［sejɔ］（…ですか? …でいらっしゃいますか）

2.3.2 学んだ単語を用いて，表現を完成させ，会話をしてみよう.

① **a**：どなたですか? （-세요?を用いて） —— **b**：わたくしです.

② **a**：どちらですか. （-세요?を用いて） —— **b**：海です.

③ **a**：これ どうぞ（お召し上がりください）. —— **b**：うわ, ありがとうございます.

2.3.3

●ユアといきなり会話 2

＊カフェで品川さんが유아さんに電話をします.

유아　　　：여보세요? 누구세요?

시나가와 ：저예요, 시나가와예요.

（音楽が聞こえる）어디세요?

続く...

韓国語は日本語以上に尊敬語，尊敬形を多用する. 누구세요? 어디세요? のように，尋ねるときは尊敬形 -세요? (…でいらっしゃいますか) を用いるが，**日本語の「…ですか」ほどの意**である. （詳細は5課，13課を参照）

●ユアといきなり会話 2　　●日本語から韓国語へ

＊日本語を手がかりに，韓国語で2の会話をしてみよう.

❶ もしもし　　　　　➡

❷ どなたですか.　　➡

❸ 私です. 品川です.　➡

❹ どちらですか.　　➡

2.4 激音 (げきおん) 12 🎧

激音は強い息を伴う音で，語頭と語中にかかわらず，常に無声音である．発音記号の [ʰ] は強い息を伴うことを表す：

字母		発音
ㅍ	[pʰ]	日本語のパ行の子音とほぼ同じであるが，強い息を伴う
ㅌ	[tʰ]	日本語のタ，テ，トの子音とほぼ同じであるが，強い息を伴う
ㅊ	[tʃʰ]	日本語のチャ行の子音とほぼ同じであるが，強い息を伴う
ㅋ	[kʰ]	日本語のカ行の子音とほぼ同じであるが，強い息を伴う
ㅎ	[h]	日本語のハ行の子音とほぼ同じであるが，語中では弱化したり，脱落する

 納得！ 激音の字母は，平音の字母 ㅂ, ㄷ, ㅅ, ㄱ と ㅇ に画をつけ加えてできている．

次の表を完成させ，発音しなさい．

激音と単母音の組合せ

	1	2	3	4	5	6	7	8
	ㅏ a	ㅣ i	ㅡ ɯ	ㅜ u	ㅔ e	ㅐ ɛ	ㅗ o	ㅓ ɔ
ㅍ pʰ	파 pʰa	피 pʰi	프 pʰɯ	푸 pʰu	페 pʰe	패 pʰɛ	포 pʰo	퍼 pʰɔ
ㅌ tʰ	타 tʰa	티 tʰi	트 tʰɯ	투 tʰu	테 tʰe	태 tʰɛ	토 tʰo	터 tʰɔ

20

ㅊ tʃʰ	차 tʃʰa	치 tʃʰi	츠 tʃʰɯ	추 tʃʰu	체 tʃʰe	채 tʃʰɛ	초 tʃʰo	처 tʃʰɔ
ㅋ kʰ	카 kʰa	키 kʰi	크 kʰɯ	쿠 kʰu	케 kʰe	캐 kʰɛ	코 kʰo	커 kʰɔ
ㅎ h	하 ha	히 hi	흐 hɯ	후 hu	헤 he	해 hɛ	호 ho	허 hɔ

2.4.1 単語を書き，発音してみよう．

① 커피 [kʰɔpʰi]（コーヒー）

② 카페 [kʰapʰe]［ʔkapʰe］（カフェ）

③ 치즈 [tʃʰidʒɯ]（チーズ）

④ 파티 [pʰatʰi]（パーティー）

⑤ 케이크 [kʰeikʰɯ]（ケーキ）

⑥ 하나 [hana]（一つ）

⑦ 최고 [tʃʰwego]〈最高〉（最高）

⑧ 스터디 [sɯtʰɔdi]（勉強会）

⑨ 유튜브 [jutʰjubɯ]（ユーチューブ）

⑩ 그치 [kɯtʃʰi]（だよね）

⑪ 하세요? [hasejɔ]
　（なさいますか？　なさって
　いらっしゃいますか？〈尊敬語〉）

⑫ 해요 [hɛjɔ]（します．しています）

2.4.2 学んだ単語を用いて，表現を完成させ，会話をしてみよう.

① （カフェで注文します）

a：すみません．コーヒー１つください． ── **b**：どうぞ.

→

② （友人に電話をします）

a：もしもし，何なさってますか？ ── **b**：勉強会しています.

→

③ **a**：ケーキ召し上がってください． ── **b**：ありがとう．チーズケーキですか？

→

2.4.3 ● ユアといきなり会話 3

*カフェで品川さんが유아さんに電話をします.

❶ 시나가와 ：（音楽が聞こえる）어디세요 ？

❷ 유아 ：카페예요.

❸ 시나가와 ：뭐 하세요 ？

❹ 유아 ：스터디해요.

続く...

● ユアといきなり会話 3 ● 日本語から

*日本語を手がかりに，韓国語で 3 の会話をしてみよう.

❶ どこですか. →

❷ カフェです. →

❸ 何なさってるんですか. →

❹ 勉強会してるんですよ. →

2.5 濃音 (のうおん) 🎧 13

濃音はほとんど息を伴わず，喉を著しく緊張させて出す音で，語頭，語中にかかわらず，常に無声音である．発音記号の [ˀ] は喉を緊張させて出すことを表す：

字母	発音	
ㅃ	[ˀp]	日本語のパ行の子音の前に「っ」をつけて出すような音．「やっぱり」の「っぱ」の子音に似る
ㄸ	[ˀt]	日本語のタ，テ，トの子音の前に「っ」をつけて出すような音．「やった」の「った」の子音に似る
ㅉ	[ˀtʃ]	日本語のチャ行の子音の前に「っ」をつけて出すような音．「うっちゃり」の「っちゃ」の子音に似る
ㄲ	[ˀk]	日本語のカ行の子音の前に「っ」をつけて出すような音．「すっかり」の「っか」の子音に似る
ㅆ	[ˀs], [ˀʃ]	日本語のサ行の子音の前に「っ」をつけて出すような音．「あっさり」の「っさ」の子音に似る．[i], [j] の前では[ˀʃ]

日本語で「あっ！」と発音するとき，最後は喉がぎゅっとしまるが，その喉がしまった状態から ㅂ, ㄷ, ㅅ, ㄱ, ㅅ の各子音を発音するとそれらの濃音となる．「あっ．あっ．あっ」と発音し，喉をしめる感じをつかんでみるとよい．

納得！ 濃音の字母は，平音の字母 ㅂ, ㄷ, ㅅ, ㄱ, ㅅ を２つ並べてできている．

☀ 次の表を完成させ，発音しなさい．払いの向きなどにも注意しよう．

濃音と単母音の組合せ

	1	2	3	4	5	6	7	8
	ㅏ a	ㅣ i	ㅡ ɯ	ㅜ u	ㅔ ɛ	ㅐ ɛ	ㅗ o	ㅓ ɔ
ㅃ ˀp	빠 ˀpa	삐 ˀpi	쁘 ˀpɯ	뿌 ˀpu	뻬 ˀpe	빼 ˀpɛ	뽀 ˀpo	뻐 ˀpɔ

ㄸ ˀt	따 ˀta	띠 ˀti	뜨 ˀtɯ	뚜 ˀtu	떼 ˀte	때 ˀtɛ	또 ˀto	떠 ˀtɔ
ㅉ ˀtʃ	짜 ˀtʃa	찌 ˀtʃi	쯔 ˀtʃɯ	쭈 ˀtʃu	쩨 ˀtʃe	째 ˀtʃɛ	쪼 ˀtʃo	쩌 ˀtʃɔ
ㄲ ˀk	까 ˀka	끼 ˀki	끄 ˀkɯ	꾸 ˀku	께 ˀke	깨 ˀkɛ	꼬 ˀko	꺼 ˀkɔ
ㅆ ˀs, ˀʃ	싸 ˀsa	씨 ˀʃi	쓰 ˀsɯ	쑤 ˀsu	쎄 ˀse	쌔 ˀsɛ	쏘 ˀso	써 ˀsɔ

2.5.1 単語を書き，発音してみよう．

① 오빠 [oˀpa]（〈妹から見た〉兄）　　② 찌개 [ˀtʃigɛ]（チゲ）

③ 이따가 [iˀtaga]（後で）　　④ 또 [ˀto]（また）

⑤ 아까 [aˀka]（さっき）　　⑥ 또 봐요 [ˀto pwajɔ]（またね）

⑦ 어때요? [ɔˀtɛjɔ]（どうですか）　　⑧ 예뻐요 [jeˀpɔjɔ]（かわいいです）

⑨ 바빠요? [paˀpajɔ]　　⑩ 비싸요 [piˀsajɔ]
　（忙しいですか?）　　　　　（〈値段が〉高いです）

2.5.2 学んだ単語を用いて，表現を完成させ，会話をしてみよう.

① （昼のメニューを尋ねる）

a：またスパゲッティ (스파게티) ですか？ —— **b**：いいえ，チゲですよ.

➡

② （友人が服を見せながら）

a：これ，どうですか？ —— **b**：わあ，とってもかわいいですよ！

➡

2.6 りゅうおん **流音** 🎧 14

流音は，舌先が軽く歯茎をはじく音で，日本語のラ行の子音に似る：

字母		発音
ㄹ	[r]	日本語のラ行の子音とほぼ同じ

次の表を完成させ，発音しなさい.

流音と単母音の組合せ

	1	2	3	4	5	6	7	8
	ㅏ	ㅣ	ㅡ	ㅜ	ㅔ	ㅐ	ㅗ	ㅓ
	a	i	ɯ	u	e	ɛ	o	ɔ
ㄹ r	라 ra	리 ri	르 rɯ	루 ru	레 re	래 rɛ	로 ro	러 rɔ

2.6.1 単語を書き，発音してみよう．

① 노래 [norɛ]（歌）

② 우리 [uri]（私たち）

③ 머리 [mɔri]（頭．髪）

④ 나라 [nara]（国）

⑤ 소리 [sori]（音）

⑥ 기다리세요 [kidarisejɔ]
（待ってください）

⑦ 그게 아니라 [kɯge anira]
（そうじゃなくて）

⑧ 그래요？ [kɯrɛjɔ]
（そうですか？〈あいづち〉ほんとですか）

2.6.2 学んだ単語を用いて，表現を完成させ，会話をしてみよう．＊なお，「A の B」は基本的には「A B」と言う．

① **a**：誰の歌ですか？

　➡

　b：私たちの歌です．

　➡

② **a**：ユアさん（씨）の髪のスタイル（머리），かわいいですよ．

　➡

　b：あ，そうですか．ありがとう．

　➡

2.6.3

● ユアといきなり会話 4

*カフェで品川さんが유아さんと電話をします.

❶ 유아 : 여기 너무 예뻐요.

❷ : 시나가와 씨, 여기서 커피 어때요?

（品川さん，喜んで立ち上がる）

❸ 시나가와 : 네, 기다리세요.

続く...

*여기서 ここで
*씨〈氏〉…さん. 韓国人名では「姓＋씨」は失礼になる. フルネームか下の名につけて用いる

● ユアといきなり会話 4　　　　**●日本語から**

*日本語を手がかりに, 韓国語で 4 の会話をしてみよう.

❶ ここことてもかわいいです.　　→

❷ 品川さん, ここでコーヒー, どうですか.　→

❸ はい, 待っててください.　　→

27

チャレンジ 2

1 次の単語を書き，発音しなさい. 🎧 15

① 너무 (とても)

② 네 (はい)

③ 아뇨 (いいえ)

④ 다시 (再び)

⑤ 과제 (課題)

⑥ 페이지 (ページ)

⑦ 티슈 (ティッシュ)

⑧ 회화 (会話)

⑨ 노래 (歌)

⑩ 스포츠 (スポーツ)

⑪ 오빠 (〈妹から見た〉お兄さん)

⑫ 찌개 (チゲ)

⑬ 이거 (これ)

⑭ 차 (車)

⑮ 마스크 (マスク)

⑯ 레포트 (レポート)

⑰ 더워요 (暑いです)

⑱ 추워요 (寒いです)

⑲ 부끄러워 (てれちゃうなー)

⑳ 고마워 (ありがと)

㉑ 매워요 (辛いです)

㉒ 짜요 (しょっぱいです)

㉓ 예뻐요 (かわいいです)

㉔ 예쁘죠? (かわいいでしょう?)

㉕ 싸요? (〈値段が〉安いですか?)

㉖ 비싸요? (〈値段が〉高いですか?)

㉗ 모레 (あさって)

㉘ 뛰어요 (走ります)

チャレンジ 2

2 次の表現を完成させ，会話をしてみよう．　¹⁶🎧

① **a**：わあ，これ何ですか？　—**b**：マスクケース(마스크 케이스)です．

② (電話で)　**a**：どこですか？　(-세요を用いる)　　　　—**b**：カフェです．

③ **a**：すみません。アイス・アメリカーノ(아이스 아메리카노)，1つください．
　　　　　　　　　　　　　　—**b**：どうぞ

④ **a**：チゲ，召し上がってください．　—**b**：あ，ありがとうございます．

⑤ **a**：ここで何してるんですか？　　—**b**：勉強会しています．

⑥ (写真を指差して)　**a**：誰ですか？　(-세요を用いる)　—**b**：私たちの兄です．

⑦ **a**：これ，辛いですか？　　　　—**b**：はい，とっても辛いです．

⑧ **a**：コーヒー，どうですか？　　—**b**：後でいただきます．(後でください)

⑨ **a**：この歌，どうですか？　　　—**b**：最高です．

29

文字と発音⑶ 子音(終声)

ポイント 子音：終声

3.1 終声 (しゅうせい)

終声は音節の最後に現れる子音で，発音のしかたにより**鼻音**(びおん)，**口音**(こうおん)，**流音**(りゅうおん)に分けることができる．終声に来ることができる**音は**，次の**7つ**しかない：

鼻音：[m] [n] [ŋ]　　口音：[ᵖ] [ᵗ] [ᵏ]　　流音：[l]

終声の字母には，初声を表す字母と同じものを用いるが，同じ字母でも初声と終声の発音が異なる点もあるので注意．終声字母は次のように文字の下半分に書く：

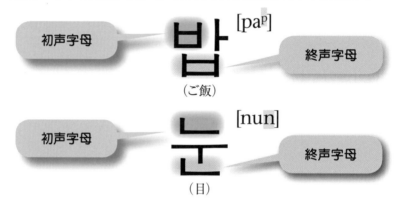

初声字母　　밤　[paᵖ]　　終声字母
　　　　　（ご飯）

初声字母　　눈　[nun]　　終声字母
　　　　　（目）

3.2 鼻音の終声 17

鼻音の終声[m], [n], [ŋ]は，肺からの空気が鼻に抜ける音：

口音		発音
ㅁ	[m]	唇をしっかり閉じて，息を鼻に抜く音
ㄴ	[n]	舌先を上の歯，歯茎にしっかり密着させ，息を鼻に抜く音．唇は閉じない
ㅇ	[ŋ]	舌先は下に置いたまま，舌の後ろ（奥）を口の天井の奥（軟口蓋）につける．息を鼻に抜く音．唇は閉じない

＊発音記号の"ŋ"の文字の名は"エヌジー"と呼ばれる．本書では ㄴ[n]は[ン]，ㅇ[ŋ]は[ん]で表わす．

30

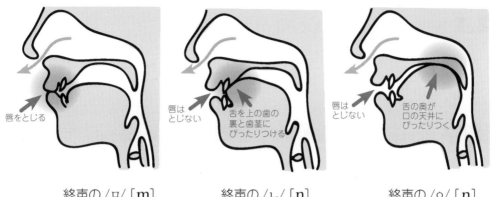

| 終声の /ㅁ/ [m] | 終声の /ㄴ/ [n] | 終声の /ㅇ/ [ŋ] |

*ㅁ [m]，ㄴ [n]，ㅇ [ŋ]は口音のㅂ [ᵖ]，ㄷ [ᵗ]，ㄱ [ᵏ]と同じ位置で発音されている！

ㅇは，初声字母の位置では子音がないことを表すが，終声字母の位置で使われるときは[ŋₙ]の音を表す：

初声の位置に子音が
ないことを表す

앙

終声の [ŋ] を表す

 check!

> 終声の ㅁ[m] は日本語の「カンパイ」（乾杯）[kampai] というときの[m]の音.
> ㄴ[n] は日本語の「カンダ」（神田）[kanda] というときの[n]の音.
> ㅇ[ŋ] は日本語の「カンガイ」（感慨）[kaŋgai] ／[kaŋŋai] というときの[ŋ]の音にほぼ相当
> する.

次の表を完成させ，発音しなさい.

単母音と鼻音の終声の組合せ

	1 ㅏ a	2 ㅣ i	3 ㅡ ɯ	4 ㅜ u	5 ㅔ e	6 ㅐ ɛ	7 ㅗ o	8 ㅓ ɔ
ㅁ m	암	임	음	움	엠	앰	옴	엄
ㄴ n	안	인	은	운	엔	앤	온	언
ㅇ ŋ	앙	잉	응	웅	엥	앵	옹	엉

3.2.1 次の単語を書き，発音してみよう．

① 선생님 [sɔnsɛŋnim]〈先生-〉(先生) ② 핸드폰 [hɛndɯpʰon](携帯)

_____ _____

③ 친구 [tʃʰingu]〈親舊〉(友達) ④ 컴퓨터 [kʰɔmpʰjutʰɔ](コンピューター)

_____ _____

⑤ 캠퍼스 [kʰɛmpʰɔsɯ](キャンパス) ⑥ 처음 [tʃʰɔɯm](初めて)

_____ _____

⑦ 지금 [tʃigɯm]〈只今〉(今) ⑧ 사랑 [saraŋ](愛)

_____ _____

⑨ 사람 [saram](人) ⑩ 공부 [koŋbu]〈工夫〉(勉強)

_____ _____

⑪ 콘서트 [kʰonsɔtʰɯ](コンサート) ⑫ 파이팅 [pʰaitʰiŋ](ファイト！)

_____ _____

⑬ 방탄소년단 [paŋtʰansonjɔndan]〈防彈少年團〉(BTS)

_____

3.2.2 上の単語を用い，-해요 (…します．…しています)，-예요 (…です) で言ってみよう．

① **a**：今，何してますか？ (-해세요？) —— **b**：勉強しています．
  ➜

② **a**：今，どこですか？ (-세요を用いて) —— **b**：キャンパスです．
  ➜

③ **a**：その (그) 人，誰ですか？ —— **b**：友達です．
  ➜

④ (コンサートで) BTS，大好きです (愛しています)．がんばれ！
  ➜

3.3 流音の終声 🎧 18

舌先を歯茎よりさらに奥につけ，肺からの息を舌の両側から外に出す音：

口音	発音	
ㄹ	[l]	舌先をしっかり口の天井(歯茎よりやや奥のほう)につけて止める．なお，つけたまま空気を吸ってみよう．舌の両脇が涼しくなればよい．

次の表を完成させ，発音しなさい．

単母音と流音の終声の組合せ

	1	2	3	4	5	6	7	8
	ㅏ	ㅣ	ㅡ	ㅜ	ㅔ	ㅐ	ㅗ	ㅓ
	a	i	ɯ	u	e	ɛ	o	ɔ
ㄹ l	알	일	을	울	엘	앨	올	얼

3.3.1 次の単語を書き，発音してみよう．

① 정말 [tʃɔŋmal] 〈正-〉（本当）　② 교실 [kjoʃil] 〈教室〉（教室）

③ 일본 [ilbon] 〈日本〉（日本）　④ 서울 [sɔul] （ソウル）

⑤ 오늘 [onɯl] （今日）　⑥ 내일 [nɛil] 〈來日〉（明日）

⑦ 생일 [sɛŋil] 〈生日〉（誕生日）　⑧ 선물 [sɔnmul] 〈膳物〉（プレゼント）

⑨ 빨리 빨리 [ʔpalli ʔpalli] （早く，早く！）

3.3.2

＊유아가 아야에さんに電話をします

❶ 유아 ：지금 어디세요?

❷ 아야에 ：캠퍼스예요.

❸ 유아 ：뭐 하세요?

❹ 아야에 ：네, 공부해요. 왜요?

❺ 유아 ：이따가 아야에 씨 생일 파티해요.

－해요 …します. …しましょうよ. ➡ 14課参照

続く…

●ユアといきなり会話 5　　●日本語から

＊日本語を手がかりに, 韓国語で5の会話をしてみよう.

❶ 今どこですか.　　➡

❷ キャンパスです.　　➡

❸ 何なさってるんですか. ➡

❹ ええ, 勉強してます. どうしてですか.　　➡

❺ 後で綾絵さんの誕生パーティーしましょう.　　➡

3.4 口音の終声 🎧 19

口音の終声 [ᵖ], [ᵗ], [ᵏ] は濁らない無声音で，音の最後を唇や舌で止めたまま離さない:

口音		発音
ㅂ	[ᵖ]	唇をしっかり閉じて止める．例えば「アップ」の最後のプを破裂させない「アプ」の音
ㄷ	[ᵗ]	舌先を上の歯，歯茎につけて止める．例えば「アット」の最後のトを破裂させない「アッ」の音
ㄱ	[ᵏ]	舌の後ろ（奥）を口の天井の奥（軟口蓋）にしっかりつけて止める．例えば「アック」の最後のクを破裂させない「アク」の音

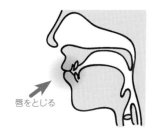

唇をとじる

終声の /ㅂ/ [ᵖ]

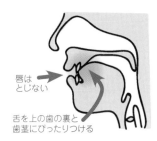

唇は
とじない

舌を上の歯の裏と
歯茎にぴったりつける

終声の /ㄷ/ [ᵗ]

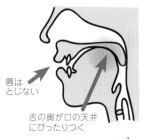

唇は
とじない

舌の奥が口の天井
にぴったりつく

終声の /ㄱ/ [ᵏ]

 次の表を完成させ，発音しなさい．

単母音と口音の終声の組合せ

	1	2	3	4	5	6	7	8
	ㅏ a	ㅣ i	ㅡ ɯ	ㅜ u	ㅔ e	ㅐ ɛ	ㅗ o	ㅓ ɔ
ㅂ [ᵖ]	압	입	읍	웁	엡	앱	옵	업
ㄷ [ᵗ]	앋	읻	읃	욷	엗	앧	옫	얻
ㄱ [ᵏ]	악	익	윽	욱	엑	액	옥	억

3.4.1 次の単語を書き，発音してみよう．

① 대학 [tɛ(h)aᵏ]〈大學〉(大学)　　② 한국 [hanguᵏ]〈韓國〉(韓国)

③ 집 [tʃiᵖ] (家)　　④ 곧 [koᵗ] (まもなく)

⑤ 케이팝 [kʰeipʰaᵖ] (K-POP, ケー・ポップ)　⑥ 수업 [suɔᵖ]〈授業〉(授業)

⑦ 대박 [tɛbaᵏ] (すごい)　　⑧ 책 [tʃʰɛᵏ]〈冊〉(本)

3.5　終声規則と終声字母 [20]

　終声に来ることができる音は[ㅂ, ㄷ, ㄱ, ㅁ, ㄴ, ㅇ, ㄹ]の7つしかない．文字の中にはこれら以外の字母が終声の位置に書かれるものがある．しかし，そのような文字であっても，実際に発音される音は[ㅂ, ㄷ, ㄱ, ㅁ, ㄴ, ㅇ, ㄹ]のどれかの音に還元して発音される．これを**終声規則**という：

終声字母	実際の発音	終声字母	実際の発音
	口音		鼻音
ㅂㅍ	[ᵖ]	ㅁ	[m]
ㄷㅌㅅㅆㅈㅊㅎ*	[ᵗ]	ㄴ	[n]
ㄱㅋㄲ	[ᵏ]	ㅇ	[ŋ]
			流音
		ㄹ	[l]

＊たとえば，낫(鎌), 낮(昼), 낯(顔)などは
　同じく[낟] [naᵗ]と発音される

＊終声ㅎは次に母音が来るときは発音されない：

좋아요 [조아요]

36

3.5.1 次の単語を書き，発音してみよう．

① 입 [iᵖ]（口）

② 잎 [iᵖ]（葉）

③ 박 [paᵏ]〈朴〉（朴(姓)）

④ 밖 [paᵏ]（外）

⑤ 낮 [naᵗ]（昼）

⑥ 인터넷 [intʰɔneᵗ]（インターネット）

⑦ 티켓 [tʰikʰeᵗ]（チケット）

⑧ 끝 [ʔkɯᵗ]（終わり）

⑨ 좋아해요? [tʃoa(h)ɛjɔ]（好きですか？）

⑩ 좋아해요 [tʃoa(h)ɛjɔ]（好きです）

⑪ 좋아요 [tʃoajɔ]（いいです）

3.5.2

＊유아가 아야에さんに誕生日パーティーでプレゼントをします.

❶ 유아 : 케이팝 좋아해요?

❷ 아야에 : 네, 아주 좋아해요.

❸ 유아 : 이거.

❹ 아야에 : 어? 내일 케이팝 콘서트 티켓?

와 대박, 정말 고마워요.

続く...

＊❹.「AのB」は「A B」であることを思い起こそう

●ユアといきなり会話6　　●日本語から

＊日本語を手がかりに, 韓国語で6の会話をしてみよう.

❶ K-POP, 好きですか? ➡

❷ ええ, 大好きです. ➡

❸ これ. ➡

❹ あれ? 明日の K-POP コンサートのチケット? ➡

うわ, すごい. 本当にありがとうございます. ➡

納得！ ハングルの子音字母の名称で初声と終声の練習をしよう！

ハングル子音字母とその名称．この順が辞書の配列順となっている．

子音字母	ㄱ	ㄴ	ㄷ	ㄹ	ㅁ
名称	기역	니은	디귿	리을	미음
子音字母	ㅂ	ㅅ	ㅇ	ㅈ	
名称	비읍	시옷	이응	지읒	
子音字母	ㅊ	ㅋ	ㅌ	ㅍ	ㅎ
名称	치읓	키읔	티읕	피읖	히읗*

＊히읗の発音は〔히읃 ヒウッ〕→ p.36「終声規則と終声字母」

1 意味を考えながら，次の単語を書き，発音してみよう．

① 뭐 　　② 메뉴 　　③ 바다 　　④ 컴퓨터 　　⑤ 드세요

⑥ 여기요 　　⑦ 커피 　　⑧ 치즈 　　⑨ 파티 　　⑩ 비싸요

⑪ 최고 　　⑫ 스터디 　　⑬ 예뻐요 　　⑭ 어때요? 　　⑮ 아까

⑯ 선생님 　　⑰ 핸드폰 　　⑱ 친구 　　⑲ 지금 　　⑳ 사랑

㉑ 공부 　　㉒ 정말 　　㉓ 일본 　　㉔ 서울 　　㉕ 오늘

㉖ 내일 　　㉗ 선물 　　㉘ 대학 　　㉙ 한국 　　㉚ 집

㉛ 곧 　　㉜ 케이팝 　　㉝ 수업 　　㉞ 책 　　㉟ 노래

㊱ 잎 　　㊲ 밖 　　㊳ 낮 　　㊴ 인터넷 　　㊵ 끝

㊶ 이름(名前) 　　㊷ 그룹(グループ) 　　㊸ 좋아해요? 　　㊹ 좋아해요

2 【発展会話練習】 文を完成させ，会話してみよう．学んだ単語だけでもすでにこんなに豊かな会話を実践することができる．子音母音といった音を単に組み合わせて読み書きすることに留まらず、文を構成し、尋ねる・勧める・買うといったさまざまな機能的な表現をアクティブに使ってみよう．

① （図書館で）
    아야에 : しっ (쉿)，静かに (조용히)！
    유아　 : あっ (앗)，ごめんなさい (죄송해요).

② （レストランで水を頼もう）
    ユア : すみません．お水 (물) ちょっと (좀) ください.
    店員 : はい，どうぞ.

③ （友人に持ち物について尋ねてみよう）
    시나가와 : この (이) パソコン (값이) 高いですか？
    유아　　 : ええ，ちょっと (좀) 高いです.

④ (友人に学食のメニューを尋ねてみましょう)

    아야에 : 今日の (오늘) メニュー, 何ですか.

    유아   : キムチ (김치) チゲです.

⑤ (歌っている歌手について尋ねてみよう)

    사니가와 : 誰の (누구) 歌ですか?

    유아   : K-POP アイドルの (아이돌) 歌です.

⑥ (カフェで注文してみましょう)

    アヤエ   : アメリカーノ (아메리카노) 1つ, アイス・カフェラテ (아이스 카페라테) 1つ

               ください.

    店員   : はい, ちょっと (잠깐만) お待ちください.

3 第2課の〈いきなり会話〉を復習しながら，会話してみよう．

① 유아　　　：もしもし．どなたですか．（−세요？を用いる）

② 시나가와：私です．品川です．

③　　　　　：ユアさん，どちらですか．（−세요？を用いる）

④ 유아　　　：カフェです．

⑤ 시나가와：何してるんですか．

⑥ 유아　　　：勉強会してますよ．

⑦　　　　　：こことてもかわいいです．

⑧　　　　　：品川さん，ここでコーヒー，どうですか．

⑨ 시나가와：はい！待っていてください．

①

②

③

④

⑤

⑥

⑦

⑧

⑨

チャレンジ 3

4 第3課の〈いきなり会話〉を復習しながら，会話してみよう.

① 유아　：今どこですか.（－세요を用いて）

② 아야에：キャンパスです.

③ 유아　：何なさってるんですか.

④ 아야에：ええ，勉強してますよ．どうしてですか.

⑤ 유아　：後でアヤエさん，誕生日のパーティーしましょう.

　　　　　（パーティーで）

⑥ 유아　：K-POP，好きですか？

⑦ 아야에：ええ，大好きです.

⑧ 유아　：これ.

⑨ 아야에：あれ？　明日の K-POP コンサートのチケット？

⑩　　　　うわ，すごい．本当にありがとうございます.

---

① _____

② _____

③ _____

④ _____

⑤ _____

⑥ _____

⑦ _____

⑧ _____

⑨ _____

⑩ _____

5 次の数詞を発音し，覚えなさい. 🎧 22

漢字語数詞

일	이	삼	사	오	육	칠	팔	구	십	백	천	만
一	二	三	四	五	六	七	八	九	十	百	千	万

固有語数詞

하나	둘	셋	넷	다섯	여섯	일곱	여덟*	아홉	열
ひとつ	ふたつ	みっつ	よっつ	いつつ	むっつ	ななつ	やっつ	ここのつ	とお

스물	서른
20	30

check!

🎧 23

2つの子音字母からなる終声はいずれか一方を読む. 文字の中には終声が2つの子音字母からなる文字があるが，それらの子音字母はどちらか一方のみを読む:

ᆰ ᆱ ᆵ (ᆲ)**	後ろの子音字母を読む
ᆪ ᆬ ᆭ ᆲ* ᆳ ᆶ ᆴ ᆹ	前の子音字母を読む

**밟다[paᵖ̚ta]（踏む）1語のみ.

後ろの子音字母を読む場合が基本的に3つしかないので，その3つを覚えさえすれば，後はそれ以外が前の子音字母を読む場合ということになる.

次の単語を発音してみよう.

① 값 [갑 kaᵖ]（値段）　② 여덟 [여덜 jədəl]（8つ）　③ 닭 [닥 taᵏ]（ニワトリ）

제 4 과　안녕하십니까 ?

24

ポイント　こんにちは. さようなら.

●会話　●キャンパスで

❶ ソグ　：안녕하세요 ?

❷ マキ　：네, 안녕하세요 ?

●会話　●道で

❸ ソグ　　：선생님, 안녕하십니까 ?

❹ 金 (김) 先生：네, 안녕하십니까 ?

① ソグ　　：こんにちは.
② マキ　　：(ええ,) こんにちは.
③ ソグ　　：先生, こんにちは.
④ 金先生　：(ええ,) こんにちは.

●会話　●キャンパスで

❺ ミナ　：안녕 ?

❻ ソグ　：어, 안녕 ?

⑤ ミナ：元気 ?
⑥ ソグ：やあ, 元気 ?

46

안녕하세요?	〈安寧-〉[annjɔŋ(h)asejɔ アンニョ ンアセヨ] **お元気でいらっしゃいますか.** おはようございます. こんにちは. こんばんは
네	[ne ネ]～[neː] 間投詞 **ええ. 肯定の返事.** あいさつを返すとき, 네と軽く添えることが多い. 네より改まった返事として예(はい)もある
김	〈金〉[kim キム] **金.** 韓国人の姓の中で最も人口が多い姓
선생님	〈先生-〉[sɔnsɛŋnim ソンセんニム] **先生.** 선생(先生)の尊敬語
-님	[nim ニム] **…さま.** 体言の尊敬語を作る接尾辞. 尊敬語には必ずつくもので, つけないと失礼. ただしつけたからといって, たとえば「先生様」のようなニュアンスはない
안녕하십니까?	〈安寧-〉[annjɔŋ(h)aʃimniʔka アンニョ ンアシムニッカ] **お元気でいらっしゃいますか.** おはようございます. こんにちは. こんばんは ➡ p.50　口音の鼻音化
안녕?	〈安寧〉[annjɔŋ アンニョん] **元気?　やあ.** 同等や年下の親しい間柄で用いる. 非敬意体である해体の表現. イントネーションを上げる. 안녕! は別れるときに「じゃあね」「バイバイ」の意でも用いる. その際, イントネーションは下げる
어	[ɔ オ] 間投詞 **あ. おお**

文法と表現

「こんにちは」「おはようございます」「こんばんは」「お元気ですか」

時間帯に関係なく, 人と出会ったときにはいつでも使える. 家庭内では用いない:

안녕하세요?
[annjɔŋ(h)asejɔ アンニョんアセヨ]

 親しみやすい感じの文体

안녕하십니까?
[annjɔŋ(h)aʃimniʔka アンニョんアシムニッカ]

 フォーマルな感じの文体

check!

語中の初声の ㅎ [h] は弱化したり, ほとんど発音されなくなる. 文末の요は, 広い[여]のように発音されるのが普通. したがって「안녕하세요?」は [안녕아세여]と発音.

●会話 ●キャンパスで先生同士が別れる

❼田中先生 : 박 선생님, 안녕히 가세요.

❽朴先生 : 네, 안녕히 가십시오.

●会話 ●ミナの家からマキが帰る

❾ミナ : 안녕히 가세요.

❿マキ : 네, 안녕히 계세요.

●会話 ●電話を切るとき

⓫ソグ : 안녕히 계세요.

⓬マキ : 네, 안녕히 계세요.

---

⑦田中先生：朴先生，さようなら． ― ⑧朴先生：(ええ,) さようなら．
⑨ミナ：さようなら． ― ⑩マキ ：(ええ,) さようなら．
⑪ソグ：さようなら． ― ⑫マキ ：(ええ,) さようなら．

●会話 ●キャンパスで

⓭ミナ : 안녕.

⓮ソグ : 어, 안녕.

---

⑬ミナ：バイバイ．
⑭ソグ：あ，じゃあね．

박	〈朴〉[paᵏ パク] 朴. 韓国人の姓
안녕히	〈安寧-〉[annjɔŋ(h)i アンニョンイ] **お元気で**. 安寧(あんねい)に. 안녕히の ㅎ [h] は弱化し [안녕이] のように発音される
가세요	[kasejo カセヨ] **お行きください**. 해요体
가십시오	[kaʃipʔʃo カシプショ] **お行きください**. [가십쑈] と発音する. 가세요の합니다体
계세요	[keːsejo ケーセヨ] **居らしてください**. 합니다体は계십시오

check!
「가세요」, 「계세요」 などをはじめ, 文末の −요はしばしば広い [여 jɔ] で発音される.

さようなら

去って行く人に対して「さようなら」

안녕히 가세요. ^{ヘ ヨ}해요体
안녕히 가십시오. ^{ハムニダ}합니다体

「お元気でお行きください」 の意.

留まる人に対して「さようなら」

안녕히 계세요. ^{ヘ ヨ}해요体
안녕히 계십시오. ^{ハムニダ}합니다体

「お元気で(今いるところにそのまま)居らしてください」 の意

文法と表現

2　文末の記号と分かち書き

文末には「.」「?」「!」を用いる．文を書くときは，単語と単語は離して書く．これを**分かち書き**という：

○ 안녕히 가세요.　　× 안녕히가세요.

＊縦書きするときは「.」の代わりに，「。」を用いる.

3　有声音化（ゆうせいおんか）

平音は누구[nugu]（誰）のように語中の有声音間で濁る ➜ p.16. これを**有声音化**という. 2つ以上の単語が連続して，1つの単語のように発音されるときも，有声音化が起きる：

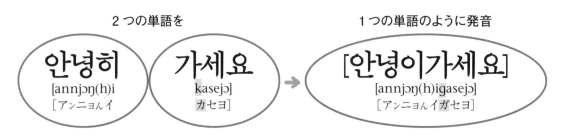

4　口音の鼻音化（こうおん びおんか）

口音の終声 [ᵖ],[ᵗ],[ᵏ]の直後に鼻音の初声ㅁ[m],ㄴ[n]が来ると，その口音はそれぞれ対応する鼻音 [m],[n],[ŋ] に変わって発音される．これを**口音の鼻音化**という. [ᵖ]と [m], [ᵗ]と [n], [ᵏ]と [ŋ] はそれぞれほぼ同じ口の形で発音される音で，息を唇や舌で止めるか，鼻に抜けるかの違いである．p.31 と p.35 の図を見て，口の形を確かめよう.

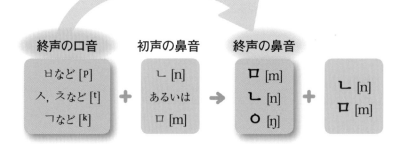

밥만 [밤만 pamman] ご飯だけ
이것만 [이건만 igɔnman] これだけ
대학만 [대항만 tɛ(h)aŋman] 大学だけ

p.36 の終声規則の表参照
[t] で発音される字母に注意

안녕하십니까? ➡ [안녕하심니까?]
[アンニョンアシプニッカ]　　　　　　　　[アンニョンアシムニッカ]
[annjɔŋ(h)aʃiᵖniʔka]　　　　　　　　[annjɔŋ(h)aʃimniʔka]

例にならって，次の単語を発音するとおりに，ハングルで書きなさい.
口音の鼻音化（➡ p.50）に注意すること.

例 안녕하십니까? (こんにちは) ➡ [안녕하심니까] ～ [안녕아심니까]

① 한국만 (韓国だけ) ➡

② 수업만 (授業だけ) ➡

③ 저것만 (あれだけ) ➡

해요体と합니다体

ヘ　ヨ　たい　　ハム　ニ　ダ　たい

なぜ「アンニョンアセヨ」と「アンニョンアシムニッカ」の2つがあるのか?

「こんにちは」には,「안녕하세요?」と「안녕하십니까?」の2通りがある. これらはどちらも丁寧(ていねい)なあいさつで, 目上の人や初対面の人にも幅広く使える. 実はこれらは「**文体**」と呼ばれる, **表現のスタイル**が異なるもので, 同じ丁寧な表現であっても, 少し感じが異なっている.「안녕하세요?」の形を해요[ヘヨ]体,「안녕하십니까?」の形を합니다[ハムニダ]体と呼ぶ:

> 안녕하세요?　　　の形　＝　해요 [ヘヨ] 体
> 안녕하십니까?　　の形　＝　합니다 [ハムニダ] 体

日本語で言えば, どちらも「です・ます体」にあたる丁寧な文体である. 実は韓国語には, 丁寧な表現のほとんどに, こうした2通りの文体がある. 해요体と합니다体はそれぞれ次のような特徴がある:

> ### 해요体は
> ① もともとはソウルことばである
> ② どちらかというと男性より女性が多く使う
> ③ 柔らかくて親しみがある

> ### 합니다体は
> ① フォーマルな, 改まった感じの文体である
> ② 社会人の男性が公的な場などで用いる
> 　 ことが多い

日常的なソウルことばでは男女を問わず해요体が非常にたくさん用いられている.

＊해요体の文末の‐요 [jo] は, 普通여 [jʌ] のように広く発音される. 本書では [jʌ] と表記する.

1 分かち書きをして，次の文を書いてみよう.

① 안녕히가세요.　　➡

② 안녕히가십시오.　➡

③ 안녕히계세요.　　➡

④ 안녕히계십시오.　➡

2 次の指示に従い、韓国語であいさつしてみよう.

① こんにちは.

(해요체)　➡

(합니다체)　➡

(友達に)　➡

② さようなら. (留まる人に)

(해요체)　➡

(합니다체)　➡

(友達に)　➡

③ さようなら. (去る人に)

(해요체)　➡

(합니다체)　➡

(友達に)　➡

3 次の各文を訳し，ハングルで書いて，発音してみよう．

① おはようございます． ― ええ，おはようございます． (합니다体で)

➡

② (去って行く人に) さようなら． (해요体で)

➡

③ こんにちは． (해요体で)

➡

④ (親しい友人に) 元気？

➡

⑤ (留まる人に) さようなら． (합니다体で)

➡

4 次の各場面に適切なあいさつを，해요体と합니다体の両方で言ってみよう．

① 家の前で近所のおばさんに出会ったとき

➡

② 大学のキャンパスで先輩に出会ったとき

➡

③ アルバイト先の社員との電話を切るとき

➡

④ 知り合いと道で別れるとき

➡

⑤ 金先生の家から帰るとき

➡

⑥ 駅で先輩を見送るとき

➡

登場人物

김 석우 [金錫佑 キム・ソグ]

韓国語母語話者. 한국 사람(韓国人). 大学2年生の男性.
韓国から日本へ交換留学生としてやって来た. 元気でまじ
めだが, 少々お茶目なところもある. 素直で情熱的. 日
本でのマキとの運命的な出会いから物語が始まる.

핫토리 마키 [服部マキ]
<small>はっとり</small>

日本語母語話者. 일본 사람(日本人). 大学2年生の女性.
ソグの留学先の大学の学生. 明るくてまじめな優秀な学
生. ソグとミナとの出会いで, 韓国語が好きになり, 勉強
に拍車を加える. 少々お茶目だが, 素直で情熱的なソグに,
少しずつ惹かれる.

조 민아 [趙旻芽 チョ・ミナ]

韓国語母語話者. 한국 사람(韓国人). 大学2年生の女性.
やはり留学に来ている. 明るくて少々気が強い. ソグを
からかうこともあるが, 実はそういうソグのことが好き
かも.

김 준호 선생님 [金俊浩 キム・チュノ]先生

在日韓国人の大学校 한국어 선생님(大学の韓国語の
先生). 男性. 教育の面においては厳しいが, 面白く, 楽
しい先生. いつも学生を暖かく見守り, 応援している.

背 景

　ソグは韓国から日本の横浜に来ている交換留学生. 家の近所の図書
館のラウンジで韓国語の本を見ているマキをみかける. どこかで会った
ことがあるような見覚えのある顔だ. ソグは勇気を出してマキに話し
かけてみる.

56

1 濃音化＝つまる音の次は濃音になる 🎧 ²⁵

大学校〈大學校〉(大学)のように, 終声[ᵖ], [ᵗ], [ᵏ]といったつまる音の次では, 語中でも平音は濁らずに, [대학꾜] [tɛ(h)aᵏˀkjo テハッキョ]と濃音化して発音される. この濃音化は文字上には現れない:

대학교〈大學校〉 [tɛ(h)akgjo テハクギョ] ではなくて

つまる音 [ᵖ], [ᵗ], [ᵏ] のあとでは

平音は濃音化

[대학꾜] [tɛ(h)aᵏˀkjo テハッキョ]

학생 [학쌩]〈學生〉 学生
잡지 [잡찌]〈雑誌〉 雑誌

こうした濃音化は, 2つの単語がついてできる合成語においてもしばしば起こる. 合成語における濃音化は, つまる音のあとでなくても起こることがある:

일본 ＋ 사람 ➡ 일본 사람 [일본싸람]
日本 ＋ 人 ➡ 日本人

☀ 発音通りに [　　] のなかにハングル表記しなさい.

① 학교 [　　　　]
(学校)

② 책도 [　　　　]
〈冊-〉(本も)

③ 혹시 [　　　　]
〈或是〉(ひょっとして)

④ 꽃집 [　　　　]
(花屋)

⑤ 한국 분 [　　　　]
(韓国の方)

⑥ 일본 분 [　　　　]
(日本の方)

⑦ 한국 사람 [　　　　]
(韓国人)

⑧ 일본 사람 [　　　　]
(日本人)

2 終声の初声化＝終声は次に来る母音とくっついて初声となる

文字の上では 석우 → [서구] [ソクウ] ではなく [ソグ]

実際の発音は 한국어 → [한구거] [ハングクオ] ではなく [ハングゴ]

　終声の初声化とは，'[母音＋子音]＋[母音]' が '[母音]＋[子音＋母音]' となる**音節構造の変容**である．文字の上には現れない，どこまでも発音上の変容である．

　[h] の弱化：[h] は語中では弱化したりなくなったりする．その際，終声の初声化を起こす：

준호 [チュンホ] → [주노 チュノ]

[준오 チュンオ] [h] の弱化 終声の初声化

☀ 次の単語を読み，終声の初声化に注目し，発音どおりに書いてみよう．

① 외국어 [　　　　　]
（外国語）

② 일본어 [　　　　　]
（日本語）

③ 한국 분이세요? [　　　　　]
（韓国の方でいらっしゃいますか？）

④ 일본사람이에요 [　　　　　]
（日本人です。）

⑤ 책이에요 （本です。） [　　　　　]

⑥ 전화 〈電話〉（電話） [　　　　　]

한국 분이세요?

韓国の方でいらっしゃいますか.

ポイント	-이에요 /-예요 , -이에요 ?/-예요 ? (…です. …ですか) - (이) 세요. - (이) 세요? (…でいらっしゃいます. …でいらっしゃいますか) 네. (はい)　　아뇨. (いいえ)　　聞き返しの네? (え?)

●会話　●図書館で

❶ 석우 : 안녕하세요 ?

❷ 마키 : 네, 안녕하세요 ?

❸ 석우 : 한국 분이세요 ?

❹ 마키 : 네 ?

❺ 석우 : 한국 분이세요 ?

❻ 마키 : 아뇨, 일본 사람이에요.

❼　　　　한국 분이세요 ?

❽ 석우 : 네. 한국 사람이에요.

① ソグ：こんにちは.
② マキ：(ええ,) こんにちは.
③ ソグ：韓国の方でいらっしゃいますか.
④ マキ：えっ?
⑤ ソグ：韓国の方でいらっしゃいますか.
⑥ マキ：いいえ, 日本人です.
⑦　　　 韓国の方でいらっしゃいますか.
⑧ ソグ：はい. 韓国人です.

60

한국	〈韓國〉[hanguᵏ ハングク] 韓国
분	[pun プン] 不完全名詞 方 (かた). 「한국 분」は [hanguᵏ ʔpun 한국뿐] と発音. 濃音化していることに注意
-이세요?	指定詞 …でいらっしゃいますか. ➡ 文法と表現.
네?	[ne ネ] 間投詞 聞き返しの「え?」. 語尾を上げて発音する
아뇨	[anjo アニョ] 間投詞 いいえ. 否定の返事. 表記上は아니요とも書く. 時に아니오とも書かれるが, これは正書法上は誤り
일본 사람	〈日本-〉[ilbon ʔsaram 일본싸람 イルボンサラム] 日本人. 尊敬形は「일본 분」[ilbon ʔpun 일본뿐 イルボンプン] (日本のかた). 濃音化に注意
-이에요	指定詞 …です. ➡ 文法と表現.
한국 사람	〈韓國-〉[hanguk ʔsaram 한국싸람 ハングクサラム] 韓国人. 濃音化に注意

61

文法と表現

1 －이에요 / －예요. 体言＋です. －이에요? / －예요? 体言＋ですか？ 해요체

*体言＝名詞のなかま. 名詞, 代名詞, 数詞

辞書形は －이다 [ida] 品詞は 指定詞	平叙形 「…です」	疑問形 「…ですか」
子音で終わる単語＋ －이에요	한국이에요 韓国です	한국이에요? 韓国ですか
母音で終わる単語＋ －예요	친구예요 友達です	친구예요? 友達ですか

check!
母音で終わる単語につくときは, －이에요から－이－が脱落し
➡ －에요 となるが, ➡ －예요 と書く決まり

子音で終わる単語につくときは, 終声の初声化を起こす:

사람이에요 [사라미에요]
[サラㇺイエヨ] ではなく [サラミエヨ]

平叙形と疑問形のイントネーション:

平叙形: ↘ 文末を下げて発音
疑問形: ↗ 文末の－요を上げて発音

カフェですか？　── いいえ, 学校 (학교) です.
➡

家(집)ですか？　── いいえ, 図書館 (도서관) です.
➡

62

2 – (이) 세요. 体言+でいらっしゃいます.
– (이) 세요? 体言+でいらっしゃいますか.

尊敬形の해요体

	平叙形 「…でいらっしゃいます」	疑問形 「…でいらっしゃいますか」
子音で終わる単語＋ −이세요	선생님이세요 先生でいらっしゃいます	선생님이세요? 先生でいらっしゃいますか
母音で終わる単語＋ −세요	친구세요 友達でいらっしゃいます	친구세요? 友達でいらっしゃいますか

平叙形と疑問形のイントネーションは, −이에요 /−예요, −이에요? /−예요? と同じく, 平叙形は文末を下げ, 疑問形は文末の −요 を上げる.

　前に来る体言が, 目上の人や初対面の大人を指す場合には, 一般にこの尊敬形を用いる. 尊敬形を用いるべき相手に用いないと失礼になる.

일본 분이세요?　　　—네, 일본 사람이에요.
日本の方でいらっしゃいますか.　　—はい, 日本人です.

level up! 目下の人であっても初対面や親しいわけではない大人に対して, その人のことについて尋ねる場合, 日本語では「…ですか」をよく用いる. このような場合, 韓国語では非尊敬形の -이에요? / -예요? よりも, 尊敬形の -(이)세요? が好んで用いられる. つまり日本語で「…でいらっしゃいますか」「…でいらっしゃいます」といった尊敬形を用いないような場合でも, 韓国語では尊敬形が多用されるわけである. 本書では韓国語の尊敬形を日本語に訳すときには, 解りやすいように, 基本的に日本語でも尊敬形で訳してある.

＊尊敬形 -이세요?/-세요? で尋ねられた場合, **自分のことについては -이에요/-예요で答える.** 尊敬形を使うべき対象は, 相手や第 3 者のことに限られる:

학생이세요?　　　学生でいらっしゃいますか?／学生ですか?
— 네, 학생이에요.　ええ, (私は)学生です.

한국 분이세요?　　（写真の先生は）韓国の方でいらっしゃいますか／
　　　　　　　　　韓国の方ですか?
— 아뇨, 일본 분이세요.　いいえ, 日本の方でいらっしゃいます／
　　　　　　　　　日本人です.

63

3　AのB＝A B

日本語の語尾「…の」にあたる語尾として-의（➜ p.7）がある．しかし，名詞類，つまり体言を2つ以上並べるときはふつう-의は用いず，2つの体言を単に並べればよい：

A の B		A　B
ソグ の 友達		석우 친구

韓国(한국)の方(분)　　　　　　　　　➜

日本(일본)の人(사람)　　　　　　　　➜

マキさん(마키 씨)の学校の友だち(친구) ➜

4　네. はい　아뇨. いいえ

質問　재일교포세요?　在日の韓国人 / 朝鮮人ですか?

答え　はい，在日の韓国人 / 朝鮮人です. ➜

　　　いいえ，日本人です.　　　　　➜

質問　한국 분이세요?

答え　はい，韓国人です. ➜

　　　いいえ，日本人です. ➜

5 聞き返しの네？ え？

네の末尾を上げ，聞き返しや反問に用いる：

a : 한국 분이세요?

b : 네?↗

a : 한국 분이세요?

b : 아뇨, 일본 사람이에요.

---

a : 韓国の方ですか？

b : え？

a : 韓国の方ですか？

b : いいえ，日本人です。

---

a : 中国 (중국) の方ですか？　➡

b : え？　　　　　　　　➡

a : 中国の方ですか？　　➡

b : いいえ，日本人です。➡

a : 日本の方ですか？　　　　　　➡

b : え？　あ，はい，そうです (맞아요)．➡

a : マキさんの学校のお友達ですか？　(−세요?を用いて)　➡

b : え？　ああ，違いますよ (아니에요)．妹 (동생) です．➡

파이팅!

チャレンジ 5

1 −이에요?/−예요？（…ですか）と−이에요 /−예요（…です）をつけて書き, 発音してみよう.

単語	疑問形 −이에요?/−예요?	平叙形 −이에요/−예요.
책 (本)		
친구 (友達)		
도서관 (図書館)		

2 相手や第三者のことについて, 次の単語に「−(이) 세요？（…でいらっしゃいますか）」, 「−(이) 세요（…でいらっしゃいます）」をつけて書き, 発音してみよう.

単語	疑問形 −(이) 세요?	平叙形 −(이) 세요.
선배 (先輩)		
선생님 (先生)		
일본 분 (日本の方)		

3 相手や第三者のことについて, −(이) 세요？（…ですか /…でいらっしゃいますか）で尋ね, 自分のことは−이에요 /−예요 . （…です）で答えてみよう.

単語	疑問形 −(이) 세요?	単語	平叙形 −이에요./−예요.
어디 (どこ)		집 (家)	
		학교 (学校)	
도서관 (図書館)		카페 (カフェ)	
처음 (初めて)		처음 (初めて)	
누구 (誰)		친구 (友達)	
		오빠 (お兄さん)	
수업 (授業)		수업 (授業)	
한국 분 (韓国の方)		중국 사람 (中国人)	
재일교포 (在日韓国人 / 朝鮮人)		재일교포	

4 次の ▨ に네 (はい), 聞き返しの네？(えっ?), あるいは, 아뇨 (いいえ) を入れ,
2人で対話練習をしてみよう.

① A: 대학생 (大学生) 이세요 ?

B: ▢

A: 대학생이세요 ?

B: ▢ , 회사원 (会社員) 이에요 .

② A: 마키 씨 친구세요 ?

B: ▢

A: 마키 씨 친구세요 ?

B: ▢ , 친구예요 .

5 次の各文を訳し, ハングルで書いて, 発音してみよう.

① 韓国の方でいらっしゃいますか. ―― いいえ, 日本人です.
➡

② [携帯電話で] どこ (어디) でいらっしゃいますか. ―― 学校 (학교) です.
➡

③ [携帯電話で] 家 (집) でいらっしゃいますか. ―― はい, 家です.
➡

④ ソグさんの友達 (친구) でいらっしゃいますか. ―― はい, 友達です.
➡

⑤ 韓国語 (한국어) の本 (책) ですか. ―― いいえ, 日本語 (일본어) の本です.
➡

제6과 저는 김석우라고 합니다.

ポイント -는/-은 (…は).　-입니다 (…です).　-입니까? (…ですか)
指定詞-이다の-이-の脱落　-(이) 라고 합니다 (…と申します).

●会話　●図書館の前で

(2 人の話が自己紹介へと続いていく.)

❶ 석우　: 저는 김석우라고 합니다.

❷ 마키　: 네, 저는 핫토리 마키예요.

❸ 석우　: 네, 대학생이세요?

❹ 마키　: 네, 대학생이에요.

❺ 석우　: 그거 한국어 책입니까?

❻ 마키　: 네, 저희 교과서예요.

❼ 석우　: 전공은 한국어세요?

❽ 마키　: 아뇨, 한국어는 제이외국업니다.

❾ 　　　 전공은 사회학입니다.

① ソグ : 私はキム・ソグと申します.
② マキ : はい, 私は服部マキです.
③ ソグ : はい, 大学生でいらっしゃいますか.
④ マキ : ええ, 大学生です.
⑤ ソグ : それ, 韓国語の本ですか.
⑥ マキ : はい, 私たちの教科書です.
⑦ ソグ : 専攻は韓国語でいらっしゃいますか.
⑧ マキ : いいえ, 韓国語は第 2 外国語です.
⑨ 　　　 専攻は社会学です.

68

저	[tʃɔ チョ] 私(わたくし). 謙譲語. 目上の人物やあらたまるべき相手, 初対面の大人に対して用いる. 非謙譲語の「わたし」,「ぼく」は 나 [na ナ]
석우	〈錫佑〉[sɔgu ソグ] ソグ. 男性の名
-라고 합니다	[rago hamnida ラゴ ハムニダ] (-라고 /-이라고…と) 申します. 言います →文法と表現.
핫토리 마키	[haˀtʰori makʰi ハットリ マキ] 日本人の姓名
대학생	〈大學生〉[tɛ(h)akˀsɛŋ テハクッセン] 大学生. 濃音化に注意
그거	[kɯgɔ クゴ] それ. 그것 [kɯgɔt クゴッ] (それ) の話しことば形 →p.97
한국어	〈韓國語〉[hangugɔ ハングゴ] 韓国語
책	〈冊〉[tʃʰɛk チェク] 本
-입니까?	[imniˀka イムニッカ] …ですか →文法と表現.
저희	[tʃɔ(h)i チョイ] 私(わたくし) たち. 謙譲語. 非謙譲語の「わたしたち」は 우리 [uri ウリ]. → p.87
교과서	〈教科書〉教科書. 標準語では [kjogwasɔ キョグァソ] だが, しばしば [kjoˀkwasɔ キョックァソ] と発音される
전공	〈專攻〉[tʃɔngoŋ チョンゴン] 専攻
제이외국어	〈第二外國語〉[tʃeiwegugɔ チェイウェグゴ] 第 2 外国語
-ㅂ니다	[mnida ムニダ] …です. →文法と表現.
사회학	〈社會學〉[sa(h)we(h)ak サフェハク] 社会学
-입니다	[imnida イムニダ] …です. →文法と表現.

육

文法と表現

1 ー는/ー은 …は

…は	
母音で終わる単語 + ー는	子音で終わる単語 + ー은
저는 私は	한국은 韓国は

check!
子音で終わる単語にー은がつくと，終声の初声化（➡ p.58, p.174）を起こす：

한국 + ー은 ➡ 한국은 [한구근]

私は	저는	発音どおり書くと [저는]	韓国は	한국은	発音どおり書くと [한구근]
友達(친구) は			家(집)は		
韓国語は			本(책)は		
外国語は			ソウル(서울)は		
教科書は			名前(이름)は		
前(앞)は			専攻は		[전공은] *
辞書(사전)は			服(옷)は		

＊終声 [ŋ] に母音が後続する場合も，[tʃɔn-gɔ-ŋɯn] のように，音の上には実は [ŋ] も初声化していると考えることができる. しかし現代のハングル表記では初声字母の位置で [ŋ] を表す字母は用いないので，文字の表記としては「전공은」と書くしかない.

2 ー입니다．体言+です．　ー입니까? 体言+ですか．

합니다体

해요 [ヘヨ] 体のー(이)에요，ー(이)에요?より，格式のあるフォーマルな表現.

辞書形は ー이다 指定詞	ー입니다 ↘	…です	합니다体	平叙形
	ー입니까? ↗	…ですか	합니다体	疑問形

```
┌─────────────────────────────────────────────────────────┐
│  -입니다     口音の鼻音化  →  [임니다 イムニダ]              │
│  -입니까?    口音の鼻音化  →  [임니까 イムニッカ]           │
└─────────────────────────────────────────────────────────┘
```

日本人です.　　　　　　　　　　　→　일본 사람입니다.

学生(학생)です.　　　　　　　　　→

韓国語の本(한국어 책)ですか?　→

3 指定詞-이다の-이 -[i] の脱落

　-이에요, -이에요?でも母音で終わる単語につくときは, -예요, -예요? のように-이-が落
ちた. 同様に, -입니다, -입니까?でも-이-は, 母音で終わる単語につくとき, 話しことばでは
普通, 脱落し, 発音されない:

改まった文章で ●● 외국어입니다 [wegugɔimnida ウェグゴイムニダ]
　　　　　　　　　　　外国語です

　　　　　　　　　　　-이-が落ちたものをそのまま書くと:

会話で 　외국업니다 [wegugɔmnida ウェグゴムニダ]

check! 改まった手紙文などでは-이-が落ちない形で書き, 小説の会話文などでは発音どおり, -이-が
落ちた形で書かれる.

4 -라고 /-이라고 합니다 …と申します／…といいます

「…と申します」「…といいます」	
母音で終わる単語 + **-라고 합니다**	핫토리라고 합니다 服部と申します
子音で終わる単語 + **-이라고 합니다**	책이라고 합니다 책 (本)といいます

私は (自分の名前) と申します.

→

「韓国(간코쿠)」は「ハングク(한국)」といいます.

→

71

チャレンジ 6

1 次の単語に助詞-은/-는（…は）をつけて書き，また発音通りにハングルで表記し，発音してみよう.

	-은			-는
대학생 (大学生)	대학생은	[대학쌩은]	저 (私)	
선생님 (先生)	선생님은	[선생니믄]	친구 (友達)	
수업 (授業)			카페 (カフェ)	
케이팝 (K-POP)			오빠 (先輩，お兄さん)	
이름 (名前)			노래 (歌)	
집 (家)			드라마 (ドラマ)	
일본 (日本)			영화 (映画)	
선물 (プレゼント)			한국어 (韓国語)	

2 次の単語に -입니다（…です），-입니까？（…ですか）をつけて書き，発音してみよう. ただし，母音で終わる単語の場合は，-이- を脱落させた形でも書くこと.

単語	疑問形 -입니까？	平叙形 -입니다
생일 (誕生日)		
친구 (友達)	친굽니까? 친구입니까?	친구입니다, 친굽니다
수업 (授業)		
숙제 (宿題)		
사회학 (社会学)		
일본어 (日本語)		
도서관 (図書館)		

3 次の各文を，疑問文は해요体，平叙文は합니다体で書いて，発音してみよう．

① 私は（自分の名前をハングルで書く ➡ p.82, pp.188-189 参照）です．
➡

② 私は（自分の名前をハングルで書く）と申します．
➡

③ 今（지금）どこ（어디）ですか． ── 学校（학교）です．
➡

④ 韓国語（한국어）の授業（수업）ですか． ── いいえ，英語（영어）の授業です．
➡

⑤ マキさんは，ソグさんの友達（친구）ですか． ── はい，友達です．
➡

⑥ 「ケータイ」は「ヘンドゥポン」（핸드폰）といいます．
➡

⑦ 大学生ですか？（…でいらっしゃいますか） ── いいえ，会社員（회사원）です．
➡

⑧ 在日の方（재일교포）ですか？（…でいらっしゃいますか）── ええ，在日韓国人です．
➡

⑨ 専攻は韓国語ですか． ── いいえ，社会学です．
➡

⑩ それ教科書ですか？ ── ええ，韓国語の本です．
➡

もっと学びたい！ 文字と発音のトレーニング

次の単語を発音してみよう：

❶ 선생님	（先生）		❷ 그런데	（ところで）
❸ 네	（はい）		❹ 뭐	（何）
❺ 일본 사람	（日本人）		❻ 노래	（歌）
❼ 생일	（誕生日）		❽ 저	（私）
❾ 아뇨	（いいえ）		❿ 기념	（記念）
⓫ 오후	（午後）		⓬ 수업	（授業）
⓭ 대학생	（大学生）		⓮ 앞	（前）
⓯ 어디	（どこ）		⓰ 저희	（わたくしたち）
⓱ 한국어	（韓国語）		⓲ 선물	（贈り物）
⓳ 정말	（本当）		⓴ 그거	（それ）
㉑ 내일	（明日）		㉒ 목요일	（木曜日）
㉓ 친구	（友だち）		㉔ 병원	（病院）
㉕ 사회학	（社会学）		㉖ 의의	（意義）
㉗ 도우미	（チューター）		㉘ 교과서	（教科書）
㉙ 아주	（とても）		㉚ 거의	（ほとんど）
㉛ 학교	（学校）		㉜ 아이의	（子供の）
㉝ 혹시	（ひょっとして）		㉞ 한국 사람	（韓国人）
㉟ 오늘	（今日）		㊱ 의미	（意味）
㊲ 지금	（今）		㊳ 몸	（体）
㊴ 꼭	（必ず）		㊵ 그럼	（では）
㊶ 매주	（毎週）		㊷ 요즘	（最近）
㊸ 보통	（普通）		㊹ 시간	（時間）
㊺ 유학생	（留学生）		㊻ 나라	（国）

あいさつの表現1

안녕하세요?	こんにちは．お早うございます．こんばんは． **안녕**〈安寧〉 へ ョ 해요体
안녕하십니까?	こんにちは．お早うございます．こんばんは． ハムニ ダ 합니다体
안녕히 가세요.	（去る人に向かって）さようなら． 해요体
안녕히 가십시오.	（去る人に向かって）さようなら． 합니다体
안녕히 계세요.	（留まる人に向かって）さようなら． 해요体
안녕히 계십시오.	（留まる人に向かって）さようなら． 합니다体
또 만나요.	また会いましょう．またね． 해요体
안녕?	やあ．元気？ 해体
안녕.	バイバイ．じゃあね． 해体
잘 가.	（去る人に向かって）バイバイ．またね．じゃね． 해体
잘 있어.	（留まる人に向かって）元気でね． 해体

고맙습니다.	ありがとうございます． 합니다体
감사합니다.	ありがとうございます． **감사**〈感謝〉 합니다体
죄송합니다.	すみません．申し訳ございません． **죄송**〈罪悚〉 합니다体
아니에요.	いいえ．いえいえ．どういたしまして． 해요体

| 잘 먹겠습니다. | いただきます． 합니다体 |
| 잘 먹었습니다. | ごちそうさまでした． 합니다体 |

| 안녕히 주무세요. | お休みなさい． 해요体 |
| 잘 자. | お休み． 해体 |

　は目上には使えない． 해体 は子供や同年配の親しい友人に対してのみ用いる文体．

저, 대학이 어디세요?

🟢 あの, 大学はどちらでいらっしゃいますか. 🟢

ポイント

-에서(…で).　-가/-이(…が).
丁寧化のマーカー -요/-이요(…です. …ですか).

●会話　●도서관에서

❶ 석우　: 저, 대학이 어디세요?

❷ 마키　: 요코하마대학이에요.

❸ 석우　: 요코하마대학이요?

❹ 　　　저 요코하마대학 유학생입니다.

❺ 마키　: 정말이요?

❻ 　　　그럼 혹시 조민아 씨 친구세요?

❼ 석우　: 민아 씨요? 네. 왜요?

❽ 마키　: 제가 민아 씨 일본어 도우미예요.

❾ 석우　: 마키 씨가요?

［図書館で］
① ソグ : あの, 大学はどちらでいらっしゃいますか.
② マキ : 横浜大学です.
③ ソグ : 横浜大学ですか.
④ 　　　私, 横浜大学の留学生ですよ.
⑤ マキ : 本当ですか.
⑥ 　　　じゃ, ひょっとしてチョ・ミナさんのお友達でいらっしゃいますか.
⑦ ソグ : ミナさんですか. はい, どうしてですか?
⑧ マキ : 私がミナさんの日本語のチューターなんですよ.
⑨ ソグ : マキさんがですか.

単語 단어

도서관	〈圖書館〉[tosɔgwan トソグァン] 図書館
저	[tʃʌ チョ] 間投詞 あのう
대학	〈大學〉[tɛ(h)aᵏ テハク] 大学
어디	[ʌdi オディ] 代名詞 どこ
요코하마대학	〈－大學〉[jokʰo(h)amadɛ(h)aᵏ ヨコハマデハク] 横浜大学. 架空の学校名
저	[tʃʌ チョ] わたくし. 非謙譲語の「わたし」「ぼく」は 나 [na ナ]
유학생	〈留學生〉[ju(h)akʔsɛŋ ユハクセん] 留学生. 濃音化に注意
정말이요?	〈正－〉[tʃʌŋmarijo チョんマリヨ] 名詞 副詞 本当ですか. あいづち表現. 정말(本当) ＋ 丁寧化のマーカー －이요 ➡ 文法と表現. ➡ p.90
그럼	[kɯrɔm クロ厶] 接続詞 では. じゃあ. 間投詞 もちろん
혹시	[hokʔʃi ホクシ] ひょっとして. もしかして. 濃音化に注意
조민아	[tʃomina チョミナ] チョ・ミナ. 女性の名. 終声の初声化 민아 ➡ [미나]に注意
－씨	〈氏〉[ʔʃi シ] 接尾詞 …さん. …氏. フルネームか, 名だけにつけて用いる. 韓国名の姓だけにつけて「김 씨」のように言うのは, 非常に失礼になる
친구	〈親舊〉[tʃʰingu チング] 友達
왜요?	[wɛjo ウェヨ] なぜですか. どうしてですか 副詞 왜(なぜ) ＋ 丁寧化のマーカー －요 ➡ 文法と表現.
제가	[tʃega チェガ] わたくしが. 謙譲形. 非謙譲形の「わたしが」は 내가 [nɛga ネーガ] ➡ 8課文法と表現.
일본어	〈日本語〉[ilbonɔ 일보너 イルボノ] 日本語. 終声の初声化に注意
도우미	[toumi トウミ] (大学で留学生などを助ける)チューター. ヘルパー. (見本市などの)コンパニオン

7

칠

77

文法と表現

1　-에서（場所）…で［助詞］

집에서　　家で　　　　대학교에서　大学で
캠퍼스에서　キャンパスで　한국에서　　韓国で

2　-가/-이　…が［助詞］

…が

母音で終わる単語 ＋ -가　　일본어가
日本語が

子音で終わる単語 ＋ -이　　대학이
大学が

子音で終わる単語に -이 がつくと，発音上，終声の初声化（→ p.58，p.174）を起こす：

대학이（大学が）　➡ ［대하기］

与えられた単語に，-가/-이をつけて書き，終声の初声化に注意し，［　］内に発音通りにハングルで書きなさい：

本が（책）	책이	［ 채기 ］	家が（집）		［　　　　］
会社が（회사）		［　　　　］	大学が（대학）		［　　　　］
韓国語が（한국어）		［　　　　］	友達が（친구）		［　　　　］
チューターが（도우미）		［　　　　］	留学生が（유학생）		［ 유학쌩이 ］
図書館が（도서관）		［　　　　］	名前が（이름）		［　　　　］

check!
-가/-이 は日本語の「…が」にほぼ相当するが，어디（どこ）のような疑問詞を伴う文では，「…は」にあたる：

요코하마대학이　어디예요?　　横浜大学は　どこですか.

3 −요?/−이요? …ですか？ …のことですか？ ［丁寧化のマーカー］

…ですか？ …のことですか？ …ですって？		
−요? [jo] ~ [jɔ]	母音で終わる単語の後ろに. 語尾や助詞の後ろに	저요? 私ですか？ 마키 씨가요? マキさんがですか？
−이요? [ijo] ~ [ijɔ]	子音で終わる単語(上記以外) の後ろに	대학이요? 大学ですか？

● −요/−이요の働き：丁寧さを表わす

用いる主な場面	例
あいづちを打つとき	정말이요? 本当ですか
相手の言ったことに対し 聞き返すとき	저요? 私ですか 요코하마대학이요? 横浜大学ですか
副詞などを丁寧に言うとき	왜요? なぜですか
文を中継ぎしながら 述べるとき	혹시요, 마키 씨가요, 학교에서요, 석우 씨 도우미세요? ひょっとしてですね, マキさんがですね, 学校でですね, ソグさんのチューターでいらっしゃいますか

정말이요? ［정마리요］~［정마리여］（終声の初声化）は, 정말요? ［정마료］~［정마려］（終声の初声化）, ［정말료］~［정말려］（n の挿入→ p.179)とも発音する.

● 指定詞 −이에요/−예요(…です(か))と−요/−이요(…です(か). …のことですか)の違い

−이에요/−예요 …です(か)		−요/−이요 …です(か). …のことですか	
指定詞		丁寧化のマーカー	
「Aである」, 「Bであるか」のように 言い定める	학생이에요? 学生ですか	あいづち, 聞き返し などで丁寧さを表す だけ	학생이요? 学生(のこと)ですか
합니다体, 해요体など, 文体によって形が変わる. 用言なので活用する	학생입니다 학생이에요 学生です	形は −요/−이요 だけで変化しない	

79

チャレンジ 7

1 次の単語に助詞 –가/–이 ((…が) をつけて書き, また発音通りにハングルで表記し, 発音してみよう.

	–이			–가
책(本)	책이	[　　채기　　]	도우미(チューター)	
선생님(先生)		[　　　]	친구(友達)	
수업(授業)		[　　　]	카페(カフェ)	
물(水)		[　　　]	선배(先輩)	
케이팝(K-POP)		[　　　]	마키 씨(マキさん)	
이름(名前)		[　　　]	노래(歌)	
집(家)		[　　　]	드라마(ドラマ)	
일본(日本)		[　　　]	영화(映画)	
중국(中国)		[　　　]	외국어(外国語)	

2 次の単語に丁寧化のマーカー –요?/–이요? をつけて書き, 発音してみよう.

① 한국어(韓国語) ② 대학(大学)

③ 화장품(化粧品) ④ 저(私)

⑤ 제가(私が) ⑥ 정말(本当)

⑦ 왜(なぜ) ⑧ 전공은(専攻は)

⑨ 친구는(友達は) ⑩ 도우미가(チューターが)

⑪ 학교에서(学校で) ⑫ 한국 분(韓国の方)

3 次の会話文を訳し，ハングルで書いて，発音してみよう.

会話1

① A： あの，大学はどこですか.

　➡

② B： 私ですか？（自分の大学名 ➡ p.82, pp.188-189 参照）です.

　➡　　.

③ A： え？（上の大学名）ですか？

　➡

④ B： はい.（上の大学名）の大学生です.

　➡

会話2

⑤ A： ひょっとしてマキさんのお友達でいらっしゃいますか.

　➡

⑥ B： マキさんですか？

　➡

⑦　　マキさんは私の（제）日本語のチューターです.

　➡

⑧ A： マキさんがですか？大学でですか？

　➡

⑨ B： はい. どうしてですか？

　➡

⑩ A： 私がマキさんの韓国語のチューターです.

　➡

⑪ B： 本当ですか？

　➡

名前をハングルで書いてみよう

　ハングルで日本語を書き表す表記法を，韓国では「外来語表記法」で定めている．日本語の五十音図のハングル表記を表で確認しよう．　➡ pp.188-189

　主な原則は次の通り：

❶ 語頭の清音（澄んだ音）は平音で表す．語中の清音は激音で表す．
❷ 濁音は語頭，語中にかかわらず，平音で表す．
❸ 促音（つまる音）「っ」は人で表す．
❹ 撥音（はねる音）「ん」はㄴで表す．
❺ 「アイウエオ」は「ㅏ」，「ㅣ」，「ㅜ」，「ㅔ」，「ㅗ」で表す．
❻ 「ス」は「스」，「ツ」は「쓰」で表す．「ザ」は「자」，「ズ」は「즈」，「ゼ」は「제」，「ソ」は「조」で表す．
❼ 長母音は表記しない

　例を見てみよう：

> 「げ」も「け」も語頭では平音「ㄱ」を用いて「게」と書く．

> 「ろう」は長母音「ろー」（로오）だが，短母音「ろ」「로」で書く．

近藤元一郎　（こんどう　げんいちろう）
権藤健一郎　（ごんどう　けんいちろう）

곤도 겐이치로

> 語頭の清音も濁音も平音で書く．「こ」も「ご」も「고」となる．「ん」は「ㄴ」．

> 濁音「ど」は平音「ㄷ」を用いて「도」．「どう」は「どー」という長母音だが短母音「도」で書く．

> 「ち」は語中の清音なので激音「ㅊ」を使って「치」と書く．

　「外来語表記法」では上のように表記する．発音は終声の初声化（➡ p.58, p.174）を起こし，[kondo kenitʃʰiro 곤도 게니치로 コンド ケニチロ] となる．

　他にもいくつかの例を発音してみて，日本語との発音の違いを確認しよう：

徳川 亮介（とくがわ りょうすけ）　　도쿠가와 료스케
新田 大三郎（にった だいざぶろう）　닛타 다이자부로
武者小路 優子（むしゃのこうじ ゆうこ）　무샤노코지 유코
津崎 善蔵（つざき ぜんぞう）　　　쓰자키 젠조

저 조민아예요.
私，チョミナです.

오늘부터 친구예요. ― 네? 오늘부터요?

今日から友達です. ―え？　今日からですか？

30

ポイント　　ー부터(…から). 1人称代名詞

●会話　●캠퍼스에서

（ソグとマキが話しているところにミナが歩いてくる）

❶ 민아　　　： 마키 씨.

❷ 석우, 마키 ： 아, 안녕하세요?

❸ 민아　　　： 어, 석우 씨. （ソグを見て驚き）마키 씨 친구세요?

❹ 석우　　　： 네? （照れ笑いをしながら）아, 네.
　　　　　　　오늘부터 친구예요.

❺ 민아　　　： 네? 오늘부터요?

❻ 　　　　　　정말이에요, 마키 씨?

❼ 마키　　　： 아, 네.

❽ 민아　　　： 그럼 내일부터 우리 같이 스터디 어때요?

❾ 석우, 마키 ： 네, 좋아요!

[キャンパスで]
① ミナ　　　：マキさん.
② ソグ, マキ：あ, こんにちは.
③ ミナ　　　：あれ, ソグさん. （ソグを見て驚き）マキさんの
　　　　　　　お友達でいらっしゃいますか.
④ ソグ　　　：え？ （照れ笑いをしながら）あ, はい.
　　　　　　　今日から友達です.
⑤ ミナ　　　：え？ 今日からですか.
⑥ 　　　　　　本当ですか, マキさん?
⑦ マキ　　　：あ, はい.
⑧ ミナ　　　：じゃ, 明日から私たち一緒に勉強会どうですか?
⑨ ソグ, マキ：ええ, いいですよ.

캠퍼스	[kʰɛmpʰɔsɯ ケムポス] キャンパス
아	[a ア] 間投詞 あ
어	[o オ] 間投詞 あ. おお
오늘	[onɯl オヌル] 今日 「오늘부터요?」は 오늘(今日) + 助詞 −부터(…から) + 丁寧化の マーカー −요(…ですか)
내일	〈來日〉[neil ネイル] 明日. 「昨日」は 어제 [ɔdʑe オジェ]
우리	[uri ウリ] 私たち. 僕たち. 非謙讓形. 謙讓形「わたくしたち」は 저희 [tɕʰi 저이 チョイ] →文法と表現.
같이	[katɕʰi カチ] 一緒に. 初声化する際に [가티 カティ] ではなく, [가치 カチ] と発音する. こうした変化を口蓋音化(こうがいおんか) という → p.176
스터디	[sɯtʰɔdi ストディ] 勉強会. 英語の 'study' より
어때요	[ɔˀtɛjo オッテヨ] どうですか. 形容詞 어떻다(どうだ) の해요体
좋아요	[tɕoajo チョアヨ] 良いです. 良いですよ. 形容詞 좋다(良い) の해요体 → 11 課

8

팔

85

文法と表現

 −부터 …から [助詞]

−부터は，時間や順序を表す「…から…まで」の「…から」に相当する助詞．「…まで」に相当する助詞は，**−까지**． ➡ −까지は 12 課 p.114 のように「…までも（含めて）」の意でも使える

時間や順序の起点と終点：

| …から
−부터 | → 時間 → | …まで
−까지 |

오늘부터　　　　　　　　　　　　　내일까지　　（今日から明日まで）

昨日(어제)から明日まで試験(시험)です． ➡

明日から日本語のチューターです． ➡

今日から友達です． ➡

 level up! 場所の「…から…まで」の「…から」には，**−에서** を用いる：

일본에서 한국까지 （日本から韓国まで）

 1人称代名詞のまとめ

			…は	…の	…が
単数	非謙譲形 わたし	나	나는 난　（話しことば形）	내	내가
	謙譲形 わたくし	저	저는 전　（話しことば形）	제	제가
複数	非謙譲形 わたしたち	우리	우리는 우린　（話しことば形）	우리	우리가
	謙譲形 わたくしたち	저희	저희는 저흰　（話しことば形）	저희	저희가

わたしは大学生です. →

わたくしは大学生です. →

わたしがマキさんの友達です. →

わたくしがマキさんの友達です. →

わたしたち一緒に勉強会どうですか. →

明日はわたくしの誕生日(생일) です. →

わたくしたちの先生(선생님) でいらっしゃいます. →

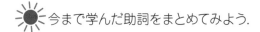 **level up!** 2人称代名詞には, 너 [nɔ] (お前, 君), 당신 [taŋʃin] (あなた) などがある. 너は親しい友人や年下の人に対して用いる. 당신は夫婦の間や, けんかのとき, 英語などからの直訳的な翻訳に用いられ, それ以外の場面ではふつう用いない.

今まで学んだ助詞をまとめてみよう.

	…は [主題]	…が [主格]	…を	…で [場所]	…から [始点]	…まで [終点]
子音で終わる単語の後に	−은	−이	−을	−에서	−부터	−까지
母音で終わる単語の後に	−는	−가	−를			

* −을/를は9課で詳しく学ぶ.

나, 저

우리, 저희

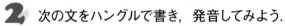

チャレンジ 8

1 助詞 −에서(…で), −부터(…から), −까지(…まで) を用いて，次の表現をハングル
で書き，発音してみよう.

① 学校で　　　　　　　② 図書館で　　　　　　　③ 家で

④ 今日から明日まで　　　　　　　⑤ 昨日から今日まで

2 次の文をハングルで書き，発音してみよう.

① A: 今日から勉強会ですか.

➡

　B: いいえ，明日からです.

➡

② わたくしは(自分の大学名) 大学の学生です.

➡

③ 金先生はわたくしたちの韓国語の先生です.

➡

④ わたくしがミナさんの日本語のチューターです.

➡

⑤ A: わたしたち，一緒に勉強会どうですか.

➡

　B: わたくしはいいですよ. マキさんはどうですか.

➡

漢字語数詞

 漢字語数詞

　日本語同様に韓国語でも固有語数詞と漢字語数詞を使い分ける．漢字語数詞は漢字で書くことができる数詞．固有語数詞は p.45 参照：

1	2	3	4	5	6	7	8	9	10
일	이	삼	사	오	육	칠	팔	구	십
11	**12**	**13**	**14**	**15**	**16**	**17**	**18**	**19**	**20**
십일	십이	십삼	십사	십오	십육 [심뉵]★	십칠	십팔	십구	이십
30	**40**	**50**	**60**	**70**	**80**	**90**	**100**	**1,000**	**10,000**
삼십	사십	오십	육십	칠십	팔십	구십	백	천	만

100,000	1,000,000	0	
십만 [심만] ★★	백만 [뱅만] ★★	영, 공, 제로	＊1万は普通**일**만とは言わず，ただ**만**と言う． ＊[ ]内は発音を示す

★ [n] の挿入 ➡ p.179
★★口音の鼻音化 ➡ p.50, p.173

① 15,000 　➡
② 3,400 　➡
③ 160 　➡
④ 78,900 　➡
⑤ 125,600 　➡

● **電話番号**：電話番号の「…の」には，**-의**を用いる．発音は [에]：
　090-3675-5205：공구공의 삼육칠오의 오이공오

　전화번호는 몇 번이에요?　　電話番号は何番ですか．
　— 080-2733-4892 (공팔공의 이칠삼삼의 사팔구이) 입니다.

☀自分の電話番号や友人の電話番号をハングルで書き，言ってみよう．

あいづちの表現

　人々と話を交わすとき，相手の話を聞いているということを示したり，同意や理解を示したりする短い表現を**あいづち表現**という．あいづち表現には，①相手の話やその一部を，「学校にね」とか「会ったの」のように，短く繰り返したりする表現，②「うんうん」，「ええ」，「なるほど」，「本当に？」など，あいづちに特化した，**あいづち詞**と呼ぶべき表現の2種類がある．

　私たちは話を交わす際にどのぐらいあいづち表現を用いるだろう．日本語では調査した会話の半分以上をあいづち表現が占めるという研究報告もある．話をしている時，相手から「うんうん」，「ええ」などのあいづちがないと，「私の話を聞いているのかな」と不安になり，会話がうまく進まなくなってしまう．試しに友人と，互いに一切あいづちを使わずに，日本語で会話をしてみるとよい．あいづちがいかに大切な働きをしているかがわかる．こうしたあいづちの働きは，文字に書かれたことばだけを見ていては，なかなかわからないだろう．あいづちそのものは，話の実質的な内容を持っていなくても，まさに会話を会話として支える，非常に重要な役割を果たしているのである．

　こうしたあいづち表現は韓国語にもある．しかし，面白いことに，あいづちの現れ方は日本語といささか違いを見せる：

日本語

	#” #$%& <> 〜 = &%.　　　＊+ ＊+_?><M ☆.　　　¢viiЮ£〇д
	うーんうーんうーん.　　　　そうですそうです.　　　ヘーーーー　なるほど.

韓国語

	#” #$　　　%& <>　　　〜 =. ＊+　　　　　　＊+_?><M ☆ё@д
	에(え)　　　아(あ)　　　정말이요？(本当に)

　上の図のように，日本語では，「うーんうーん」，「ヘーーーー」のように，音を伸ばしたり，「そうです，そうです」のようにことばを繰り返す場合が多々ある．とりわけ，相手の話に重ねてあいづちを打つことは，日本語のあいづちの特徴だといえる．

　これに対し，韓国語では「에」（え），「아」（あ）のように一言ずつ短く，相手が与えてくれる話の間のポーズで，相手の話にほとんど重ならないようにあいづちを打つことが，特徴的である．

すなわち，日本語のあいづち表現は相手と話を共有し，一緒に盛り上がろうという「**共有の
スタイル**」であり，韓国語のあいづち表現は相手の話に耳を傾け，心を配る，「**配慮のスタイ
ル**」であるといえよう．

　　一生懸命話しているのに，あいづちもなしに，相手が黙りこくってしまっては，話している方
はたまらない．しかし，「에」（え），「아」（あ），「네」（ええ），「정말이요?」（ほんとですか）などは，
極めて簡単な表現ではあるが，これらのあいづちをうまく用いれば，初級のレベルでも，話し
ている人は「あ，私の話を聞いてくれている」と安心して話ができるし，「この人，韓国語うま
いかも！」という好印象を与えることもできる．
　　あいづちは，通常の教材ではなかなか取り上げられていないが，実は，会話のストラテジー（戦
略）として，意識的に学んでおくべき表現だといえよう．あいさつなどと同様，労少なくして，
効果は絶大の表現である．とりわけ，本書『はばかん』の会話の中に出ているあいづち表現に注
目し，単語として学ぶのではなく，実際の会話の流れの中で「あいづち表現」を学んでほしい．

　　以下のような表現も覚えておくとよい：

네.	はい.
예.	はい. ［やや改まった表現］
에.	ええ.
아.	あ.
어.	お.
응.	うん. ［目上には使えない］
정말이요?	本当ですか.
진짜요?	本当ですか. ［ややくだけた表現］
그래요(?)	そうです(か).
맞아요.	そうですね. その通りです.

오늘은 제 생일이 아니에요.

🫛 今日は私の誕生日ではありません. 🫛

ポイント ─를/─을(…を). ─가/─이 아니에요/아닙니다(…ではありません).
이. 그. 저. 어느. 이거. 그거. 저거. 어느 거. (こそあど)

●会話 ●캠퍼스에서

(ソグがマキにプレゼントする)

❶ 석우 : 마키 씨, 저, 이거.

❷ 마키 : 네? 이게 뭐예요?

❸ 석우 : 선물이에요.

❹ 마키 : 선물이요?

❺ 석우 : 네, 혹시 한국 음악을 좋아해요?

❻ 마키 : 그럼요.

(包装を解いてみる)

❼ 마키 : 와, 전 이 노래를 정말 좋아해요.

❽　　　 그런데, 이걸 왜…

❾　　　 오늘은 제 생일이 아니에요.

❿ 석우 : 네, 이것은 생일 선물이 아니라 스터디 기념
　　　　 선물입니다.

⓫　　　 그런데 마키 씨, 생일은 언젭니까?

[キャンパスで]
① ソグ : マキさん, あの, これ.
② マキ : え? これ, 何ですか.
③ ソグ : プレゼントです.
④ マキ : プレゼントですか.
⑤ ソグ : ええ, ひょっとして韓国の音楽が好きですか.
⑥ マキ : そうなんですよ.
⑦ マキ : うわー, 私はこの歌がとっても好きなんですよ.
⑧　　　 で, これを, どうして….
⑨　　　 今日は私の誕生日じゃありませんよ.
⑩ ソグ : ええ, これは誕生日のプレゼントじゃなくて,
　　　　 勉強会の記念のプレゼントです.
⑪　　　 ところで, マキさん, 誕生日はいつですか.

92

이거	[igɔ イゴ] **これ.** 이것の話しことば形. ➡文法と表現
이게	[ige イゲ] **これが.** 이것(これ) + -이(…が)の話しことば形. ➡文法と表現.
뭐	[mwɔ ムォ] **何.** 무엇の話しことば形. ➡文法と表現.
선물	〈膳物〉[sɔnmul ソンムル] **プレゼント. 贈り物**
음악	〈音樂〉[ɯmaᵏ ウマク] **音楽**
좋아해요	[tʃoa(h)ɛjo チョアヘヨ] **好きです**
그럼요	[kɯrɔmnjo クロㇺニョ] 間投詞 **もちろんです.** n の挿入➡p.179
전	[tʃɔn チョン] **私は.** 저(私) + -는(…は)の話しことば形
이	[i イ] 代名詞 **この.** ➡文法と表現.
노래	[norɛ ノレ] **歌**
그런데	[kɯrɔnde クロンデ] 接続詞 **ところで. でも. だけど**
이걸	[igɔl イゴル] **これを.** 이것(これ) + -을(…を)の話しことば形
제	[tʃe チェ] **わたくしの.** 謙譲形. 非謙譲形の「私の」,「僕の」は 내 [nɛ ネ] ➡8課文法と表現 p.86
생일	〈生日〉[sɛŋil センイル] **誕生日**
-이 아니에요	[i aniejɔ イ アニエヨ] **…ではありません** ➡文法と表現.
이것	[igɔᵗ イゴッ] **これ.** 이거の書きことば形. ➡文法と表現.
아니라	[anira アニラ] (-가/-이) **…ではなくて.** ➡文法と表現.
기념	〈紀念〉[kinjɔm キニョㇺ] **記念**
언제	[ɔndʒe オンジェ] **いつ**

구

−를/−을 …を [助詞]

母音で終わる単語 ＋−를   커피를
                           コーヒーを
…を

子音で終わる単語 ＋−을   선물을
                           プレゼントを

노래를 좋아해요.   歌が好きです(歌を好みます).
음악을 좋아해요.   音楽が好きです.

check!
▶「…が好きです」は「…を好きです」の意である「−를/−을 좋아해요」のように言う.

 (−가/−이) 아니에요   …ではありません.
(−가/−이) 아니에요?   …ではありませんか?

体言＋ −(이)에요(…です)の否定形「…ではありません」は，−가/−이(…が)をつけ，
「−가/−이 아니에요」(平叙形)，「−가/−이 아니에요?」(疑問形)の形で表す:

해요体	体言＋…ではありません. 平叙形	体言＋…ではありませんか? 疑問形
母音で終わる単語に	−가 아니에요	−가 아니에요?
子音で終わる単語に	−이 아니에요	−이 아니에요?

합니다体	体言＋…ではありません. 平叙形	体言＋…ではありませんか? 疑問形
母音で終わる単語に	−가 아닙니다	−가 아닙니까?
子音で終わる単語に	−이 아닙니다	−이 아닙니까?

친구가 아니에요? — 네, 친구가 아니에요. 언니예요.

　友達じゃないんですか? —はい, 友達ではありません. 姉です.

마키 씨 책이 아닙니까? — 네, 제 책이 아닙니다.

　マキさんの本じゃありませんか. —はい, 私の本じゃありません.

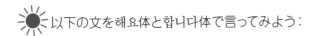

level up! 「今日, 誕生日じゃないですか＝誕生日でしょう?＝誕生日, そうでしょ?」のように, 話し手が既に「誕生日だろう」と推測していることについて, 確認の意で尋ねる場合は, 「오늘 생일 아니에요?」のごとく, –이/–가を用いない場合もある.

　　오늘 마키 씨 생일 아니에요?

　　— 아뇨, 오늘은 제 생일이 아니에요.

　　今日マキさんの誕生日ですよね.
　　—いいえ, 今日は私の誕生日ではありません.

「…ではなくて」は「**–가/–이 아니라**」で表す:

누나가 아니라 친구예요.　お姉さんではなくて, 友達です.

한국어는 전공이 아니라 제이외국어입니다.

　　　　　　　　　　　　　　韓国語は専攻ではなくて, 第二外国語です.

以下の文を해요体と합니다体で言ってみよう:

私はミナさんの後輩(후배)ではありません.

　➡

韓国語は専攻(전공)ではありません.

　➡

今日は私の誕生日(생일)ではありません.

　➡

ソグさんはマキさんの彼氏(남자 친구)じゃないですか. (＝彼氏でしょう?)

　➡

これ, もしかしてプレゼントなのではありませんか. (＝プレゼントでしょう?)

　➡

3 이. 이 그. 그 저. 저 어느. 어느 [こそあどの冠形詞]

日本語の「この」,「その」,「あの」,「どの」に이, 그, 저, 어느 がほぼ相当する:

この	**이**	日本語の「この」とほぼ同じ
その	**그**	日本語の「その」に似ている
あの		発話の現場にないもの,話し手と聞き手が互いに了解しているもの
	저	視覚的に遠くにあるもの
どの	**어느**	日本語の「どの」とほぼ同じ

level up! 이, 그, 저, 어느は必ず後ろに体言を伴って用いられる.

이, 그, 저, 어느などのように,自分自身は形を変えず,必ず後ろに体言を伴う品詞を**冠形詞**という.

「この間のあの先生」「いつものあの(=例の)先生」のように,話の現場にない対象を指して「あの」というときは,「その」にあたる**그**を用いる.目に見える遠くにあるものを指して그は用いず,必ず**저**を用いる:

이 가방	このカバン
그 선물	そのプレゼント.(この間の)あのプレゼント.
저 학교	(遠くに見える)あの学校.
어느 학교예요?	どの学校ですか.

この歌	→
その(例の)友達	→
そのスマートフォン(핸드폰)	→
あのカフェ(카페)	→
あの人	→
どこの(=どの=어느)国(나라)	→

96

4 **이거. 이게 그거. 그게 저거. 저게 어느 거. 어느 게**

이것(これ) などの「こそあど」を表す単語は，語尾(助詞)と結合した**短縮形**が話しことば
で多く用いられる.「もの」の意の依存名詞것も同様に短縮形が用いられる. 文章を書くと
きは書きことば形を用いる:

書きことば形	話しことば形	…は −은 書きことば形	話しことば形	…が −이 書きことば形	話しことば形	…を −을 書きことば形	話しことば形
것	거	것은	건	것이	게	것을	걸
이것	이거	이것은	이건	이것이	이게	이것을	이걸
그것	그거	그것은	그건	그것이	그게	그것을	그걸
저것	저거	저것은	저건	저것이	저게	저것을	저걸
어느것	어느거	어느것은	어느건	어느것이	어느게	어느것을	어느걸

이것은 생일 선물입니다.
제 게 어느 거예요?

これは誕生日のプレゼントです.

私のはどれですか?
「제 게」は[제께]と発音.

level up! 場所の代名詞はここ(여기)!

어디 どこ

저기 (遠くに見える) あそこ

거기 そこ

여기 ここ

저, 여기가 어디예요?
마키 씨는 집이 어디예요?
저기는 학교가 아니에요.

あの, ここはどこですか? → p.78 **check!**

マキさんは, 家はどこですか.

あそこは学校ではありませんよ.

これら場所の代名詞では, −에서 (…で, …から) の代わりに **−서** という形が好んで用い
られる. **여기서, 거기서, 저기서, 어디서** となる.

チャレンジ 9

1 次の単語に −를/−을 (…を) をつけて書き, また発音通りにハングルで表記し, 発音してみよう.

	−를/−을	
노래 (歌)		[　　　　　　]
음악 (音楽)		[　　　　　　]
선물 (プレゼント)		[　　　　　　]
수업 (授業)		[　　　　　　]
인터넷 (インターネット)		[　　　　　　]

2 −을, −를, −이, −가 のうち適切な助詞を 〔　　〕内に入れ, 各文を発音してみよう.

① 마키 씨는 이 노래 〔　　〕 좋아해요.

マキさんはこの歌が好きです.

② 저는 그 음악 〔　　〕 정말 좋아해요.

私はその音楽が本当に好きです.

③ 저 친구는 요코하마대학 학생 〔　　〕 아니에요.

あの友達は横浜大学の学生ではありません.

④ 이건 제 컴퓨터 〔　　〕 아닙니다.

これは私のコンピューターではありません.

3 次の表を完成させよう.

		…は −은		…が −이		…を −을	
書きことば形	話しことば形	書きことば形	話しことば形	書きことば形	話しことば形	書きことば形	話しことば形
이것		이것은		이것이		이것을	
	그거		그건		그게		그걸
저것		저것은		저것이		저것을	

4 次の下線の部分を例にならって해요体と〈話しことば形〉に書き直し，発音してみよう.
日本語にも訳してみよう

(例) <u>그것이 언제입니까</u>? ➡ 그게 언제예요?

① <u>이것이 무엇입니까</u>? ➡

② <u>그것은</u> 제 <u>책입니다</u>. ➡

③ <u>저것을</u> 좋아합니다. ➡

④ 마키 씨 <u>것은 어느 것입니까</u>? ➡

⑤ <u>이것이</u> 제 <u>것입니다</u>. ➡

5 次の各文を訳し，ハングルで書いて，発音してみよう.

① A: これは何ですか.(話しことば形で)
   ➡

   B: それは，ミナさんの誕生日のプレゼントです.(話しことば形で)
   ➡

② A: ひょっとして今日，マキさんの誕生日ではありませんか.
   ➡

   B: いいえ，今日ではなくて，明日ですよ.
   ➡

③ A: 韓国語の授業が好きですか.
   ➡

   B: ええ，もちろんですよ.
   ➡

④ A: あの人がソグさんですよ.
   ➡

   B: え？　あの人が(この間の)あのソグさんですか？
   ➡

用言の活用

1 用言

ようげん

韓国語の文の述語をつくる単語を用言という. 用言には, 次の4つの品詞がある. 辞書に載る形を**辞書形**, あるいは, **基本形**と言う:

品　詞	辞書形		
動　詞	받다	[paᵗʔta パッタ]	受け取る
形容詞	작다	[tʃaᵏʔta チャッタ]	小さい
存在詞	있다	[iᵗʔta イッタ]	ある, いる
指定詞	-이다	[ida イダ]	…だ. …である

2 用言は〈語幹＋語尾〉というつくり

辞書形はすべて-다という形で終わっている. この -다のように後ろについている部分を**語尾**といい,-다をとった残りの部分を**語幹**という. 語幹が単語の本体で, 語尾が後続部分である.

語幹が子音で終わっている用言を**子音語幹**の用言と呼び, 母音で終わっている用言を**母音語幹**の用言と呼ぶ:

単語の本体＝意味を受け持つ　　　文法的な働きを受け持つ(-다は辞書形を作る働き)

	語幹	語尾	
받다	받 -	-다	子音語幹の用言(語幹の最後が子音ㄷ)
가다	가 -	-다	母音語幹の用言(語幹の最後が母音ㅏ)

3 語尾によって語幹は3種類に姿を変える＝3つの語基

用言を用いるときは, 文法的な働きに合わせて様々な語尾をとりかえて用いる. このとき, 基本的には, どういう音で始まる語尾を用いるかによって, **語幹は3種類に姿を変える**. 語幹のこの3つの姿を**語基**という. つまり, 語基とは語幹の3つの現れである.

どんな用言であれ語基は3つの形しかない：

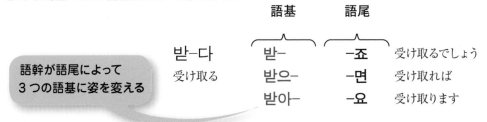

	語基	語尾	
받–다	받–	–죠	受け取るでしょう
受け取る	받으–	–면	受け取れば
	받아–	–요	受け取ります

語幹が語尾によって
3つの語基に姿を変える

納得！ 日本語そっくり！

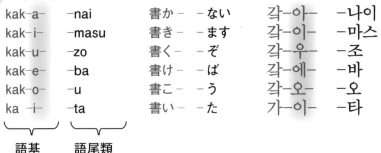

kak-a–	–nai	書か–	–ない	각–아–	–나이
kak-i–	–masu	書き–	–ます	각–이–	–마스
kak-u–	–zo	書く–	–ぞ	각–우–	–조
kak-e–	–ba	書け–	–ば	각–에–	–바
kak-o–	–u	書こ–	–う	각–오–	–오
ka –i–	–ta	書い–	–た	가–이–	–타

語基 　 語尾類

★ 3つの語基

用言の3つの語基は，それぞれ第Ⅰ語基，第Ⅱ語基，第Ⅲ語基という：

받다（受け取る）の活用

辞書形	받다	[paᵗ ta]
第Ⅰ語基	받–	[paᵗ]
第Ⅱ語基	받으–	[padɯ]
第Ⅲ語基	받아–	[pada]

第Ⅰ語基，第Ⅱ語基，第Ⅲ語基は，それぞれⅠ，Ⅱ，Ⅲのように略す．例えば，語尾 –요（…ます）は第Ⅲ語基と結びつくので，

〈第Ⅲ語基＋–요〉という形を
➡〈Ⅲ–요〉のように表記する．

3つの語基の作り方さえ知っていれば，どんな語尾との組み合わせでも自由に形を作ることができる．**全ての語尾はどの語基につくかが決まっている**．例えば –고（…して），–죠，（…でしょう）のように，ㄱ や ㅈ で始まる語尾は第Ⅰ語基につく，といった具合に，概ね，**語尾の頭の音で，第何語基につくかがわかる**ようになっているので安心である． ➡ 語尾などの索引 pp.190-193

納得！ 日本語でも –masu は kak-i– につき，kak-a– や kak-u– にはつかない！ このようにあらゆる語尾の類は，どの語基につくかが決まっている！ 母語話者は自然にこのことを知っているが，学習者は覚える必要がある．でも，韓国語では，語尾の頭の音でおおよそわかってしまうので大丈夫！

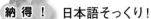

10
십

3つの語基の作り方

3つの語基は，一部の用言を除き，辞書形から規則的に導き出すことができる：

用言の3つの語基の作り方

辞書形		받다 (受け取る)	먹다 (食べる)	보다 (見る)	주다 (与える)
		子音語幹の用言		母音語幹の用言	
第Ⅰ語基	辞書形から −다を除いた形＝語幹	받−	먹−	보−	주−
第Ⅱ語基	子音語幹には第Ⅰ語基に −으を つけ，母音語幹なら何もつけない形	받으−	먹으−	보−	주−
第Ⅲ語基	語幹の最後の母音が ㅏ [a] またㅗ [o] なら， −아 [a]（陽母音）をつける	받아−		보아−/ *봐−	
	語幹の最後の母音が ㅏ [a]，ㅗ [o] 以外なら， −어 [ə]（陰母音）をつける		먹어−		주어−/ *줘−

*は話しことばで使われる形.

第Ⅲ語基は語幹の最後の母音が陽母音である ㅏ [a] または ㅗ [o] なら，後ろに陽母音の −어 [a] をつけ，ㅏ [a] または ㅗ [o] 以外なら，すべて陰母音の −어 [ə] をつける．これを**母音調和**と呼ぶ.

母音語幹の用言は第Ⅰ語基と第Ⅱ語基がいつも同じ形になる. ただし形は同じであっても，語基活用上は異なる語基である.

次の用言を活用させ，−죠？（…でしょう?），−면（…れば），−요（…ます）をつけて表を完成させなさい.

辞書形	第Ⅰ語基＋ −죠?	第Ⅱ語基＋ −면	第Ⅲ語基＋ −요
있다 (ある. いる)		있으면	
같다 (同じだ)	같죠?		
찾다 (探す)			찾아요
보다 (見る)			
없다 (ない. いない)			
입다 (着る)			
앉다 (座る)			
주다 (あげる)			

├ [a]／┤ [ɔ] 母音語幹の用言

母音語幹の用言で，語幹が ├ [a] あるいは ┤ [ɔ]，ㅕ [jɔ] で終わる用言は，第Ⅲ語基を作るときに同じ母音が重なるので，その重なる母音を1つ落とす．たとえば，**가다** は第Ⅲ語基が **가아** と，**아** が2つ重なるので1つ落とし，**가** となる：

辞書形		第Ⅲ語基
가다	가ー ＋ ー아― →	가ー
서다	서ー ＋ ー어ー →	서ー
켜다	켜ー ＋ ー어ー →	켜ー

結果として語幹が ├ [a] または ┤ [ɔ]，ㅕ [jɔ] で終わる用言は，第Ⅰ語基から第Ⅲ語基まで同じ形になるが，語基活用上は3つはまったく違う語基である：

├ [a]／┤ [ɔ] 母音語幹の用言の活用

	Ⅰ	Ⅱ	Ⅲ
가다 (行く)		가ー	
싸다 (安い)		싸ー	
만나다 (会う)		만나ー	
서다 (立つ)		서ー	
켜다 (〈灯りを〉つける)		켜ー	

 | [i] 母音語幹の用言

다니다 のように母音 | で終わる語幹の用言は第Ⅲ語基で ┤ をつけるとき，**다니어 →다녀** のごとく，| ＋ ┤ が ㅕ と短縮される：

母音 | で終わる語幹の語基活用

	Ⅰ	Ⅱ	Ⅲ
다니다 (通う)	다니ー		다녀ー
걸리다 (かかる)	걸리ー		걸려ー

チャレンジ 10

✎ 例にならって，次の用言を活用させ，表を完成し，発音しなさい.

	辞書形	I-죠? (…でしょう?)	II-면 (…れば)	III-요 (…ます)
例	보다(見る)	보죠?	보면	봐요
1	잡다(つかむ)			
2	좋다(良い)			
3	가다(行く)			
4	적다(少ない)			
5	읽다(読む)			
6	많다(多い)			
7	비싸다(高い)			
8	재미있다(面白い)			
9	사다(買う)			
10	다니다(通う)			
11	싫다(嫌いだ)			
12	괜찮다(構わない)			
13	서다(立つ)			
14	앉다(座る)			
15	만나다(会う)			
16	도와주다(手伝う)			

check! 指定詞 −이다(…である), 아니다(…ではない) の活用

指定詞		第Ⅰ語基	第Ⅱ語基	第Ⅲ語基
−이다 (…である)	母音で終る単語につく	− (이) −		−여− −예−(−요がつく場合のみ)
	子音で終る単語につく	−이−		−이어− −이에−(−요がつく場合のみ)
아니다 (…ではない)		아니−		아니어− 아니에−(−요がつく場合のみ)

친구(이)다　友人である　　친구죠?　友人でしょう?　　친구예요　友人です

책이다　本である　　책이죠?　本でしょう?　　책이에요　本です

check!

하다用言の語基活用

	Ⅰ	Ⅱ	Ⅲ
하다 (する)	하−	하−	해− 하여−(非常にかたい書きことばで)
공부하다 (勉強する)	공부하−	공부하−	공부해− 공부하여−(非常にかたい書きことばで)

하다　する　　하죠?　するでしょう?　　하면　すれば　　해요　します

공부하다　勉強する　　　　　　　　　　공부하죠?　勉強するでしょう?

공부하면　勉強すれば　　　　　　　　　공부해요　勉強します

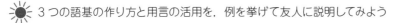 3つの語基の作り方と用言の活用を, 例を挙げて友人に説明してみよう

用言の活用は
もうこれで大丈夫!

固有語数詞と時間

 固有語数詞

1つ	2つ	3つ	4つ	5つ	6つ	7つ	8つ	9つ	とお
하나	둘	셋	넷	다섯	여섯	일곱	여덟	아홉	열
한 (+名詞)	두 (+名詞)	세 (+名詞)	네 (+名詞)						

* 「5つ」から「とお」までは連体形の特別な形はなく，「다섯」などをそのまま用いる.

● 時間 「…時」，「…分」，「…秒」: −시, −분, −초

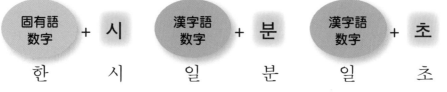

| 固有語
数字 | ＋ | 시 | 漢字語
数字 | ＋ | 분 | 漢字語
数字 | ＋ | 초 |

한　　　시　　　일　　　분　　　일　　　초

*오전〈午前〉午前.　오후〈午後〉午後.　전〈前〉

今何時ですか.　지금 몇 시예요?

4時30分　　네 시 삼십 분입니다. / 네 시 반입니다.

① 12時25分 ➡

② 5時43分 ➡

③ 1時10分 ➡

④ 9時45分 ➡

⑤ 11時50分 ➡

⑥ 3時23分 ➡

⑦ 2時10分前 ➡

⑧ 午前6時30分 ➡

⑨ 午後10時5分 ➡

年月日と曜日，お金

● 年月日：년 월 일

月の名前

1月	2月	3月	4月	5月	6月
일월	이월	삼월	사월	오월	유월
7月	8月	9月	10月	11月	12月
칠월	팔월	구월	시월	십일월	십이월

2007 年 12 月 24 日 ➡

1996 年 6 月 7 日 ➡

생일은 몇 월 며칠이에요?　誕生日は何月何日ですか.

*몇 월 [며둴] ➡ 終声の初声化 p.174

自分の誕生日や友人の誕生日をハングルで書き，言ってみよう.

● 曜日：요일

日曜日	月曜日	火曜日	水曜日	木曜日	金曜日	土曜日	何曜日
일요일	월요일	화요일	수요일	목요일	금요일	토요일	무슨 요일 [무슨 뇨일]★

오늘은 무슨 요일이에요?　　今日は何曜日ですか.　　★ [n] の挿入 ➡ p.179
월요일이에요.　　　　　　　月曜日です.

● お金：単位 - 원（ウォン）

1000원　　10,000원　　　15,820원　　　　276,000원
천 원　　　만 원*　　만 오천팔백이십 원　　이십칠만 육천 원

*「1 万ウォン」を「일만 원」とは言わない

얼마예요?　　おいくらですか.

46,500 (사만 육천오백) 원이에요.

7,920 (칠천구백이십) 원입니다.

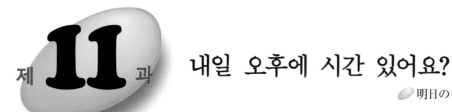

제 11 과

내일 오후에 시간 있어요?

明日の午後, 時間ありますか.

ポイント	해요体. −도(…も). −에(…に). 確認法 I-죠(…しましょう). I-죠?(…するでしょう?)

●会話 ●캠퍼스에서

❶ 석우 : 민아 씨, 내일 오후에 시간 있어요?

❷ 민아 : 네, 괜찮아요. 그런데 왜요?

❸ 석우 : 이번주 금요일이 마키 씨 생일이에요.

❹ 민아 : 아 참, 맞다.

❺ 　　　 석우 씨, 생일 선물 같이 사요.

❻ 석우 : 네, 저도 그래서… 저 그럼 내일 오후 괜찮죠?

❼ 민아 : 네, 좋아요. 내일 같이 가요.

❽ 　　　 오후에는 수업이 없어요.

❾ 석우 : 그럼 두 시에 학교 앞에서 만나요.

❿ 민아 : 네, 그럼 내일 봐요.

108

単語 단어

오후	〈午後〉[o(h)u オフ] 午後
시간	〈時間〉[ʃigan シガン] 時間
있어요?	[iʔsɔjɔ イッソヨ] ありますか. 있다(ある)の第Ⅲ語基に −요がついた形. ➡文法と表現.
괜찮아요	[kwɛntʃʰanajɔ クェンチャナヨ] かまいません. 괜찮다(かまわない)の第Ⅲ語基に −요がついた形. ➡文法と表現.
왜요?	[wɛjɔ ウェヨ] なぜですか. どうしてですか. 副詞왜(なぜ)に丁寧化のマーカー −요がついた形
이번주	〈−番週〉[ibɔnʔtʃu イボンチュ 이번쭈] 今週. 이번(今回)と주(週)の合成語で, 주が濃音化する
금요일	〈金曜日〉[kɯmjoil クミョイル] 金曜日
참	[tʃʰam チャム] 間投詞 そうだ. あっ. 副詞 本当に
맞다	[maʔta マッタ] 間投詞 そうだ 動詞 合っている
생일 선물	〈生日 膳物〉[sɛŋilʔsɔnmul センイルソンムル] 誕生日のプレゼント
사요	[sajɔ サヨ] 買いましょう. 사다(買う)の第Ⅲ語基に −요がついた形. ➡文法と表現.
그래서	[kɯrɛsɔ クレソ] 接続詞 それで
괜찮죠?	[kwɛntʃʰantʃʰɔ クェンチャンチョ] かまわないでしょう? 괜찮다(かまわない)の第Ⅰ語基に −죠がついた形. ➡文法と表現.
가요	[kajɔ カヨ] 行きましょう. 가다(行く)の第Ⅲ語基に −요がついた形. ➡文法と表現.
수업	〈授業〉[suɔp スオプ] 授業
없어요	[ɔpʔsɔjɔ オプソヨ] ありません. 없다(ない)の第Ⅲ語基に −요がついた形. ➡文法と表現.
두	[tu トゥ] 2 つの. 둘(2つ)の連体形. ➡p.106
시	〈時〉[ʃi シ] …時. 固有語数詞につく. ➡p.106
학교	〈學校〉[hakʔkjo ハッキョ] 学校
앞	[ap アプ] 前
만나요	[mannajɔ マンナヨ] 会いましょう. 만나다(会う)の第Ⅲ語基に −요がついた形. ➡文法と表現.「…に会う」は「−를/−을 만나다」(…を会う)という
봐요	[pwajɔ プァヨ] 会いましょう. 보다(会う, 見る)の第Ⅲ語基に −요がついた形. ➡文法と表現.

11
십일

文法と表現

1 해요체 …します. …しますか

Ⅲ-요

疑問形　文末のイントネーションを上げる　Ⅲ-요?
수업 있어요?　授業ありますか.

平叙形　文末のイントネーションを下げる　Ⅲ-요.
네, 있어요.　はい, あります.

　第Ⅲ語基に-요をつけた形, つまりⅢ-요は文末のイントネーションを変えることによって, 「…します」(平叙), 「…しますか」(疑問), 「…しましょう」(勧誘), 「…しなさいよ」(命令)などさまざまな文法的な意味を表すことができる:

내일은 수업이 없어요.　[平叙] 明日は授業がありません.
오후에 시간 있어요?　[疑問] 午後時間ありますか.
우리 같이 공부해요.　[勧誘] 私たち一緒に勉強しましょう(➡ p.105).
여기 좀 봐요!　[命令] ここちょっと見てください.

子音語幹用言	平叙形	疑問形	母音語幹用言	平叙形	疑問形
있다 (ある. いる)	있어요	있어요 ?	사다 (買う)		
좋다 (良い)			가다 (行く)		

check!
語尾の -요は唇を丸く尖らせる[요 jo]ではなく, 尖らせず, [여 jʌ]に近く発音されることが多い ➡ p.47, p.183

2 -도 …も [助詞]

…も　-도

終声 [ᵖ],[ᵗ],[ᵏ] につくと　[ᵗto ト] 濃音化
それ以外につくと　[do ド]

저도 私も
밥도 [밥또] ご飯も.　이것도 [이걷또] これも.　대학도 [대학또] 大学も

110

–에 …に [助詞]

場所, もの, 時間	人間や動物		
–에	話しことば形 **–한테**	書きことば形 **–에게**	尊敬形 **–께**
집에 家に. 책에 本に. 두 시에 2時に	친구한테 友達に	마키 씨에게 マキさんに	선생님께 先生に

ただし，助詞 –한테，–에게，–께が，存在や移動を表す用言と共に使われると，「…のところに」という意味になる：

저한테 그 책이 있어요.　　私のところにその本があります．
오후에 선생님께 가요.　　午後，先生のところに行きます．

＊このように動作などが行なわれる時や物事の存在の時を表わす場合，
即ち副詞的に用いる場合，「午前」「午後」などは必ず –에をつける

 Ⅰ–죠 …しましょう．…するでしょう?． [確認法]

Ⅰ–죠は，Ⅰ–지요の短縮形．次の4つの用法がある：

> **Ⅰ–죠**

① 聞き手に確認したり，同意を求める
　　오늘 생일이죠?　　今日お誕生日でしょう?

② やわらかい疑問（疑問詞のある疑問文で）
　　이거 얼마죠?　　これおいくらでしょう?
　　＊얼마+–이–+–죠から指定詞 –이– が脱落して얼마죠となる

③ 確認の表明（文末のイントネーションを下げて）
　　그건 제가 사죠.　　それは私が買いますよ．

④ やわらかい提案
　　선물 같이 사죠.　　プレゼント一緒に買いましょう．

check!
–죠[tʃo] は通常 [tʃɔ] と発音される．

ソグさん，今日時間ないでしょう?　　➡

明日，ミナさんに会う(–를/–을 만나다)でしょう?　➡

マキさんの誕生日はいつ(언제)でしょう?　➡

では，明日会い(보다)ましょう．　➡

111

1 次の用言を活用させ, 해요体の平叙形と疑問形, そして, 確認法のⅠ－죠? の形を作り, 発音してみよう.

単語	疑問形 …しますか Ⅲ－요?	平叙形 …します Ⅲ－요.	…するでしょう? Ⅰ－죠?
없다 (ない. いない)			
만나다 (会う)			
아니다 (…でない)			
하다 (する)			
괜찮다 (大丈夫だ)			
보다 (見る. 会う)			
학생이다 (学生である)			
주다 (あげる)			

2 「…に」に相当する韓国語の助詞をつけて, 次の各文を訳し, 発音してみよう.

① 本に写真 (사진) があります.
→

② 友達のところにこの本はありません.
→

③ 今マキのところに行きます.
→

④ 先生に (尊敬形) 電話 (전화) をします.
→

⑤ 3時 (세 시) に会いましょう.
→

⑥ 明日, 学校に行きますか.
→

⑦ 午後, 授業があります.
→

⑧ 学校の前にソグがいます.
→

3 「…も」に相当する韓国語の助詞をつけて次の各文を訳し，発音してみよう．「…も」
に相当する韓国語の助詞が濃音で発音されるときは，例にならってハングルで発音を
書きなさい．例：<u>これも</u>買います． 이것도[이걷또]사요.

① 図書館に私も行きます．
➡

② ここで(➡ p.97 여기서)本も買いますか？
➡

③ それもいいですよ．
➡

④ 今日は授業もありません．
➡

4 次の各文を訳し，ハングルで書いて，発音してみよう．

① A： 明日の午後に授業ありますか．

　B： いいえ，授業はありません．

② A： どこで(➡ p.97 어디서)会いましょうか．

　B： 学校の前で会いましょう．

③ A： 明日，時間大丈夫ですか．

　B： ええ，大丈夫ですよ．で，どうしてですか？

④ A： (この間の)あの本，マキさんのところにあるでしょう？

　B： いいえ，あの本は，ソグさんのところにありますよ．

⑤ A： マキさんのプレゼント一緒に買いましょう．

　B： ええ，いいですよ．

⑥ これおいくらでしょう？

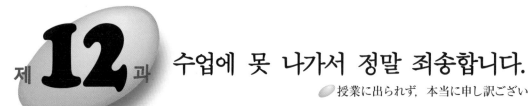

제 **12** 과 수업에 못 나가서 정말 죄송합니다.

授業に出られず，本当に申し訳ございません。

33

ポイント	E-mail の書き方.　**합니다体**.　否定 안(…しない).
	不可能 못(…できない).　接続形 Ⅲ-서(…なので).

●文章 ●메일

❶ 김준호 선생님께

❷ 안녕하십니까?

❸ 목요일 삼 교시 한국어 수업의 핫토리 마키입니다.

❹ 사실은 몸이 좀 안 좋아서 지금 병원에 있습니다.

❺ 오늘 수업에 못 나가서 정말 죄송합니다.

❻ 안녕히 계십시오.

❼ 추신: 선생님 수업은 매주 아주 재미있습니다.

❽ 　　　정말 공부가 많이 됩니다.

❾ 　　　요즘엔 한국 인터넷까지 봅니다.

❿ 　　　앞으로도 열심히 공부하겠습니다.

⓫ 핫토리 마키 드림

114

김준호	[kimdʒun(h)o] **キム・ジュノ(金俊浩)**.　男性の名前
선생님께	[sɔnsɛŋnimʔke] **先生に**.　선생님に尊敬形の助詞 −께がついた形 → p.111
−께	[ʔke] 助詞 **…に**.　尊敬形の助詞.　目上の人に用いる
목요일	〈木曜日〉[mogjoil] **木曜日**
삼	〈三〉[sam] 数詞 **3**.　漢字語数詞 → p.45, p.89
교시	〈校時〉[kjoʃi] **…時限**.　漢字語数詞につく
사실은	〈事實−〉[saʃirɯn] **実は**.　사실は「事実」
몸	[mom] **体**
좀	[tʃom] 副詞 **ちょっと**.　少し
안	[an] 副詞 **…ない**.　否定を表す副詞. → 文法と表現.
좋아서	[tʃoasɔ] **いいので**.　좋다(良い)の第Ⅲ語基に −서がついた形. → 文法と表現.
지금	〈只今〉[tʃigɯm] **今**
병원	〈病院〉[pjɔŋwɔn] **病院**
있습니다	[iʔsɯmnida] **います**.　있다(いる)の第Ⅰ語基に −습니다がついた形. → 文法と表現.
못	[moʔ] 副詞 **…できない**.　不可能を表す副詞. → 文法と表現.
나가서	[nagasɔ] **出るので**.　나가다(出る)の第Ⅲ語基に −서がついた形. → 文法と表現.
죄송합니다	〈罪悚−〉[tʃwesoŋ(h)amnida] **申し訳ございません**. 죄송하다(申し訳ない)の第Ⅱ語基に −ㅂ니다がついた形. → 文法と表現.
추신	〈追伸〉[tʃʰuʃin] **追伸**
매주	〈每週〉[mɛdʒu] **毎週**
아주	[adʒu] 副詞 **とても**
재미있습니다	[tʃɛmiiʔsɯmnida] **楽しいです**.　재미있다(楽しい.　面白い)の第Ⅰ語基に −습니다がついた形. → 文法と表現.
공부	〈工夫〉[koŋbu] **勉強**
많이	[mani] 副詞 **たくさん**
됩니다	[twemnida] **なります**.　되다(なる)の第Ⅱ語基に −ㅂ니다がついた形. 「…になる」は「−가/−이 되다」(…がなる)という → 文法と表現. 되다の第Ⅰ語基, 第Ⅱ語基は되−, 第Ⅲ語基は普通は돼−, 非常にかたい書き ことばでは되어−となる.

요즘	[jodʒɯm] 最近
인터넷	[intʰɔnetʰ] インターネット.　英語の 'Internet' より
–까지	[ˀkadʒi] 助詞 …まで.　…までも.　➡ p.86
봅니다	[pomnida] 見ます.　보다(見る)の第Ⅱ語基に –ㅂ니다がついた形. ➡文法と表現.
앞으로	[apʰɯro] 副詞 今後.　これから
열심히	〈熱心–〉[jɔlˀʃim(h)i] 熱心に.　一生懸命に.　열심のㅅが濃音化し[열씨미]. 漢字語内の終声ㄹの次の平音ㄷ, ㅅ, ㅈは濃音化する.　➡ p.169
공부하겠습니다	〈工夫–〉[koŋbu(h)ageˀsɯmnida] 勉強します. 공부하다(勉強する)の第Ⅰ語基に –겠– がついた形.　Ⅰ–겠– は話の現場に おける話し手の判断を表す ➡ p.187
드림	[tɯrim] …拝.　目上の人への手紙の最後に用いる

文法と表現

1 합니다体 …します. …しますか.

해요체よりフォーマルな表現.

平叙形	…します	母音語幹の用言	I・II－ㅂ니다	봅니다. 見ます.
		子音語幹の用言	I－습니다	있습니다. あります.
疑問形	…しますか	母音語幹の用言	I・II－ㅂ니까?	봅니까? 見ますか.
		子音語幹の用言	I－습니까?	있습니까? ありますか.

봅니다　　口音の鼻音化　➡ [봄니다　ポムニダ]

있습니다　口音の鼻音化　➡ [읻씀니다　イッスムニダ]

① わたくしは服部マキです.　　　　　　➡

② 明日チウンさんに会います.　　　　　➡

③ あさって(모레)は約束(약속)はありません. ➡

④ 授業はとても面白いです.　　　　　　➡

⑤ 本当に勉強になります.　　　　　　　➡

2 안 ＋ 用言　…しない. [用言の否定形]

　副詞안は, 用言の前において「…しない」,「…ではない」という否定の意味を表す. 안と用言は離して書くが, 話すときは1つの単語のように発音する. 平叙形のイントネーションは用言の1音節目の直後に下がる:

안　　用言

안　가요.　　안　갑니다.
안　만나요.　안　만납니다.
안　좋아요.　안　좋습니다.

오늘은 학교에 안 갑니다.　今日は学校に行きません.(自分の意志で行かない意)

12
십이

117

今日ソグさんには(석우 씨는) 会いません.　➡

インターネットは見ません.　➡

プレゼントは買いません.　➡

3 못＋用言　…できない.　［用言の不可能形］

副詞못は，用言の前において「…できない」という不可能の意味を表す：

못	用言

오늘은 학교에 못 갑니다.
今日は学校に行けません.
(何か事情があって行くことができない)

못と用言は離して書くが，話すときは1つの単語のように発音する．そのとき，発音の変化が起きるので注意．平叙形のイントネーションは用言の1音節目の直後で下がる：

濃音化	鼻音化	[n] の挿入＋鼻音化	激音化
못 가요 [모까요]	못 먹어요 [몬머거요]	못 입어요 [몬니버요]	못 해요 [모태요]

☀ 次の文を訳し，上にならって，発音もハングルで [ ] 内に書いてみよう：

テレビ(텔레비전)は見られません.　➡

この本は読めません.　➡

授業に出れません.　➡

ここで勉強はできません.　➡

Ⅲ-서 …するので. …して. [原因. 先行などを表す接続形]

Ⅲ-서は「…するので」「…して」のように文を終えず,続ける形. こうした形を**接続形**という.
接続形Ⅲ-서は,どのような用言につくかによって, 実現する意味が異なる:

Ⅲ-서が用いられる用言とその意味

Ⅲ-서をとる用言	主な意味
形容詞, 存在詞	原因(…するので . …なので)
動詞	先行(…して). 様態(…して)

○ 原因＝形容詞, 存在詞および主に非意志的な動詞で

몸이 좀 **안 좋아서** 지금 병원에 있습니다.

　　ちょっと体調が 良くないので [形容詞], 今, 病院にいます.

오늘 수업에 **못 나가서** 정말 죄송합니다.

　　今日の授業に 出れなくて [非意志的な動詞], 本当に申し訳ございません.

○ 先行＝移動など主に意志的な動詞で

도서관에 **가서** 공부합니다.

　　図書館に 行って [意志的な動詞], 勉強します.

○ 様態＝身体の動作を表す, ごく限られた動詞で

의자에 **앉아서** 책을 봐요.

　　椅子に 座って [身体動作の自動詞], 本を見ます.

具合が悪くて, 家にいます. [原因]　　　➡

学校に行って, 勉強します. [動作の先行] ➡

天気 (날씨) がいいので, 公園 (공원) に行きます. [原因]　➡

友達に会って, 映画 (영화) を見ます. [動作の先行]　　　➡

わたしたち (우리) あそこに座って, お話ししましょ (얘기하다). [様態]　➡

1 次の用言を活用させ, 합니다体の平叙形と疑問形, Ⅲ-서形を書き, 発音してみよう.

用　言	平叙形	疑問形	Ⅲ-서 (…して)
있다 (ある, いる)			
괜찮다 (大丈夫だ)			
좋다 (良い)			
받다 (受け取る)			
맞다 (合う)			
만나다 (会う)			
나가다 (出る)			
공부하다 (勉強する)			
수업이다 (授業である)			＊
보다 (見る)			

＊指定詞 -이다のⅢには -(이)어の他に -(이)라という形もあり, Ⅲ-서では -(이)어서の他に -(이)라서という形も用いられる. ➡ p.105

2 次の各文を해요体と합니다体で訳し，ハングルで書いて，発音してみよう．

① 今，体調が良くないので，授業に出れません．

② 今日は図書館に行って，2時(➡ p.106) まで(➡ p.86) 勉強します．

③ 先生の授業は，本当に勉強になります(「−가/−이 되다」を用いて해요体で ➡ p.115 돼요)．

④ 今日時間ありますか． ── 今日ですか．すみません．今日は時間がありません．

⑤ プレゼントを買って，家に帰ります(가다)．

⑥ ソグさんもチウン(지은) さんの家に行きませんか？ ── 宿題(숙제) があって行けません．

⑦ (チウンが学校からソグに電話する)

　　ソグさん，あとで (이따가) 会って，一緒にごはん (밥) 食べましょ．

　　── あ，ごめんなさい！

　　　　今日は約束(약속)があって，学校に行けないんですよ．

　　　　明日はどうですか(어때요)？

제 13 과

유학생 파티에 선생님도 가세요?

🍃 留学生のパーティーに先生もいらっしゃいますか. 🍃

34

ポイント

尊敬形 Ⅱ-세요(…なさいます).　　Ⅱ-세요? (…なさいますか)
接続形 Ⅱ-면(…すれば).　 -하고(…と)

会話 ●研究室で

(ミナが金先生の研究室に訪ねて来た)　똑똑(ノック)

(研究室に入って)

❶ 민아 ：선생님, 죄송한데요, 혹시 지금 시간 있으세요?

❷ 김 선생님 ：네. 괜찮아요.

❸ 민아 ：저 다음주 유학생 파티에 선생님도 가세요?

❹ 김 선생님 ：네, 가는데요.

❺ 민아 ：그런데 거기 가면 일본 학생들도 많이 와요?

❻ 　　　유학생밖에 없으면 좀 그래서요.

❼ 김 선생님 ：박 선생님하고 이 선생님도 계세요.

❽ 　　　또 여러 나라의 유학생들을 만나면 그것도
　　　재미있죠.

❾ 민아 ：네. 잘 알겠습니다. 고맙습니다.

❿ 김 선생님 ：그럼 그때 만나요.

똑똑	[ˈtokʲtokʲ] 副詞 こんこん. とんとん. ノックの音. 擬声語
죄송한데요	[tʃwesoŋ(h)andejɔ] すみませんが. 話を切り出す前置き表現の1つ
있으세요?	[iʔsɯsejɔ] おありでしょうか. 있다(ある, いる)の第Ⅱ語基있으−に−세요がついた形. →文法と表現.
파티	[pʰatʰi] パーティー. 英語の'party'より
가세요?	[kasejo] お行きになりますか. 가다(行く)の第Ⅱ語基가−に−세요がついた形. →文法と表現.
가는데요	[kanɯndejɔ] 行きますが. 가다(行く)の第Ⅰ語基に婉曲法の語尾−는데요がついた形. →婉曲法は16課文法と表現で本格的に学ぶ
거기	[kɔgi] そこ →p.97
가면	[kamjɔn] 行けば. 가다(行く)の第Ⅱ語基に接続形語尾−면(…すれば)がついた形. →文法と表現.
일본	〈日本〉[ilbon] 日本
학생들	〈學生−〉[hakʔsɛŋdɯl] 学生たち. 학생に複数を表す接尾辞−들がついた形
−들	[tɯl] 接尾辞 …たち. …ら. 複数を表す接尾辞
와요?	[wajɔ] 来ますか. 오다(来る)のⅢ−요. 오다の第Ⅲ語基は常に와−となる.
−밖에	[ᵖ], [ᵗ], [ᵏ]の後ろでは[ˈpaʔke], それ以外では[baʔke] 助詞 …しか(…ない). 後ろには否定の表現が来る
없으면	[ɔpʔsɯmjɔn] いなければ. 없다(ない, いない)の第Ⅱ語基に接続形語尾−면がついた形. →文法と表現.
그래서요	[kɯrɛsɔjɔ] 形容詞 あれですから. 何ですから. 形容詞 그렇다(そうだ)のⅢはそうだ그래−となる. ㅎ変格活用という活用をする. ここでは Ⅲ−서に丁寧化の−요がついた形. 그래서요は直訳すると「そうなのでです」. 「좀 그래서요」で「ちょっと何ですから」というあいまい表現として用いる
박	[paᵏ] 朴. 韓国名の姓の1つ
−하고	[(h)ago] 助詞 …と
이	[i] 李. 韓国名の姓の1つ. 共和国では리[riː]
계세요	[kesejɔ] おられますよ. 계시다(いらっしゃる)の第Ⅲ語基に−요がついた形. →文法と表現.
또	[ˈto] 副詞 また
여러	[jɔrɔ] 副詞 さまざまな, いろいろな
나라	[nara] 国

13 십삼

만나면	[mannamjɔn] **会えば.**　만나다（会う）の第Ⅱ語基に接続形語尾 −면がついた形. ➡文法と表現.
그것	[kɯgɔt̚] **それ**
재미있죠	[tʃɛmiitʃʰ] **楽しいでしょう.**　재미있다（楽しい.　面白い）のⅠ−죠
잘	[tʃal] 副詞 **よく.　うまく**
알겠습니다	[algeʔsɯmnida] **分かりました.　承知しました.** 알다（分かる.　知る）の第Ⅰ語基に −겠− がつき，さらにその −겠− の第Ⅰ語基に −습니다がついた形.　Ⅰ−겠− は話の現場における話し手の判断であることを明 示する接尾辞.「…する」「…しそうだ」
고맙습니다	[komap̚sɯmnida] **ありがとうございます.**　漢字語の감사합니다（ありがとうご ざいます）もある
그때	[kɯʔtɛ] **そのとき**

35

平叙形のイントネーション

level up!　用言の形が 2 音節（つまり 2 文字）の場合は，普通 1 音節目が高い. 3 音節以上にな
ると，普通 2 音節目が高く，2 音節目の直後で下がる.

가요	갑니다	가세요	가십니다
좋아요	좋습니다	좋으세요	좋으십니다
괜찮아요	괜찮습니다	괜찮으세요	괜찮으십니다
기다려요	기다립니다	기다리세요	기다리십니다

ただし激音や濃音，ㅅで始まる用言は，1 音節目も高いのが普通.

타요　탑니다　타세요　타십니다　삽니다

（買います）

文法と表現

1 Ⅱ-시- …なさる. ［尊敬形］

日本語の「…なさる」に相当する**尊敬形**がある. 目上の人のことや初対面の大人のことについてはこの尊敬形を用いる.

韓国語は,**用言の第Ⅱ語基に-시-をつける**ことで尊敬形を作る. このように**用言の本体と語尾の間に入る要素を,接尾辞**という. 接尾辞で文を終えることはできず,必ず後ろに語尾がつく. 語尾をつけるために,接尾辞自体も3つの語基に変化し,その後ろに語尾がつく:

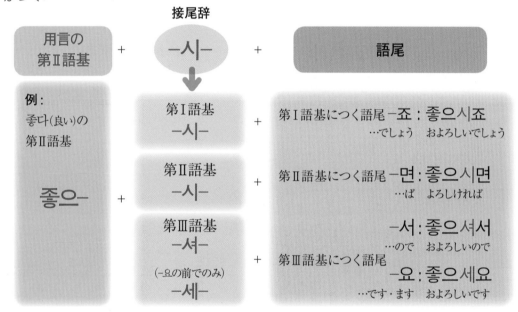

```
用言の           接尾辞
第Ⅱ語基    +    -시-    +        語尾

例:
좋다(良い)の           第Ⅰ語基
第Ⅱ語基                -시-      +   第Ⅰ語基につく語尾 -죠 : 좋으시죠
                                                …でしょう  およろしいでしょう
좋으-      +        第Ⅱ語基            第Ⅱ語基につく語尾 -면 : 좋으시면
                    -시-      +                       …ば  よろしければ

                    第Ⅲ語基                          -서 : 좋으셔서
                    -셔-                              …ので  およろしいので
                    (-요の前でのみ)      第Ⅲ語基につく語尾
                    -세-                               -요 : 좋으세요
                                                       …です・ます  およろしいです
```

 尊敬の接尾辞と語尾をつけ,書いて発音してみよう:

辞書形	第Ⅱ語基	Ⅱ-시-＋Ⅰ-죠	Ⅱ-시-＋Ⅱ-면	Ⅱ-시-＋Ⅲ-요
있다	있으-		있으시면	
괜찮다			괜찮으시면	
만나다	만나-	만나시죠		만나세요
보다			보시면	

125

すべての用言に共通して，
尊敬形の**해요体**（Ⅱ-시-+-요）は**Ⅱ-세요**, **합니다体**（Ⅱ-시-+-ㅂ니다）は
Ⅱ-십니다 となる:

해요体	疑問形	Ⅱ-세요?	(…なさいますか)
	平叙形	Ⅱ-세요.	(…なさいます)
합니다体	疑問形	Ⅱ-십니까?	(…なさいますか)
	平叙形	Ⅱ-십니다	(…なさいます)

	해요体(疑問形)	**합니다体**(平叙形)
좋다	좋으세요?	
가다	?	가십니다.
재미있다	?	
공부하다	?	

存在詞있다の場合，尊敬形としては「ある」の意味では있으시다,「いる」の意味では
계시다と，形を使い分ける:

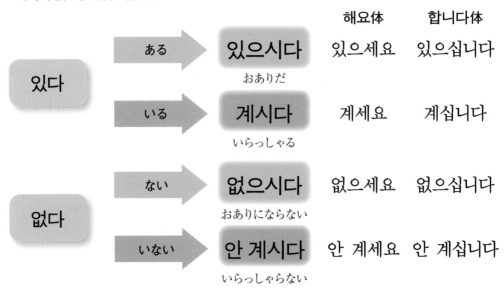

			해요体	**합니다体**
있다	ある	있으시다 おありだ	있으세요	있으십니다
	いる	계시다 いらっしゃる	계세요	계십니다
없다	ない	없으시다 おありにならない	없으세요	없으십니다
	いない	안 계시다 いらっしゃらない	안 계세요	안 계십니다

韓国語の尊敬形は，目下の者に対しても初対面の人や親しくない人であれば尊敬形を用いる．日本語の尊敬形よりはるかに多く用いられる．マスターしよう．

「(うちの) お父さまがいらっしゃいます」(＝うちの父がおります) のように，他人に対して言う際に，身内のことでも目上の者に関することであれば，尊敬形を用いる．この点が日本語と異なるので注意.

2 Ⅱ-면 …すれば. [条件を表す接続形]

条件を表す接続形．日本語の「…すれば」に相当する：

子音語幹用言	母音語幹用言
괜찮다 → 괜찮으면	만나다 →
없다 →	공부하다 →
재미있다 →	사다 →

파티에 가면 유학생도 있어요.　　パーティーに行けば，留学生もいますよ.

시간이 있으면 내일 만나죠.　　時間があるなら，明日会いましょう.

3 -하고 …と. [助詞]

日本語「A と B」の「…と」に相当する話しことば形の助詞．前に来る体言の最後の音によって，次のように発音が変化する：

終声 [ᵖ], [ᵗ], [ᵏ] につくと	ㅎによる 激音化	한국하고 [한구카고] 일본 (韓国と日本) 수업하고 [수어파고] 공부 (授業と勉強)
上記以外	ㅎの脱落	오늘하고 [오느라고] 내일 (今日と明日) 아버지하고 [아버지아고] 어머니 (父と母)

＊激音化 → p.177, ㅎの弱化と脱落 → p.179

level up!　書きことばでは -와/-과 を用いる．母音で終わる体言には -와，子音で終わる体言には -과を用いる.

아버지와 어머니　(お父さんとお母さん)

한국과 일본　(韓国と日本)

13 십삼

1 次の用言の尊敬形，条件のⅡ−면（…すれば）の形を作って書き，発音しよう．

用言	尊敬形 Ⅱ–세요 … なさいます	尊敬形 Ⅱ–십니다 … なさいます	条件 Ⅱ–면 …すれば
없다 （ない）			
보다 （見る）			
가다 （行く）			
괜찮다 （かまわない）		괜찮으십니다	
좋다 （良い）			
공부하다 （勉強する）			
학생이다 （学生である）			

level up! 있다（いる）の尊敬語には계시다（いらっしゃる），먹다（食べる）の尊敬語には드시다（召し上がる）を用いる：

	Ⅰ・Ⅱ	Ⅲ
계시다 （いらっしゃる）	계시–	계셔–，계세– （–요の前で）
드시다 （召し上がる）	드시–	드셔–，드세– （–요の前で）

선생님 계세요? — 네, 계십니다.　先生いらっしゃいますか？ —— はい, いらっしゃいます.

선생님은 김치도 드시죠? — 네, 자주 드세요.

　　　　　　先生はキムチも召し上がるでしょう？ —— はい, しょっちゅう召し上がります.

同様の活用をする尊敬語の動詞には, 먹다（食べる）の尊敬語잡수시다（召し上がる）, 자다（眠る）の尊敬語주무시다（お休みになる）などがある. ➡ p.75 「안녕히 주무세요.」参照

2 次の各文を訳し，ハングルで書いて，発音しよう．

① すみませんが，ひょっとして李先生おられますか．

　　　—— 李先生は今学校にいらっしゃいます．

② パーティーに行けば，ミナさんもいますか．

③ 授業がなければ，一緒に図書館に行きましょう．

④ 約束はいつがおよろしいですか(좋다を用いて)．

⑤ 午後に時間おありですか？

　　　—— いいえ，ありません．午後には授業と約束があります．

⑥ そこにチューター (도우미)の学生もたくさん来ますか？

　　　—— ソグと私しか行きません．どうしてですか？

　　　—— いや(아니)，留学生しかいないと，ちょっと何ですから．

⑦ すみませんが，朴先生は留学生パーティーにお行きになりますか？

　　　—— 朴先生はお行きになりませんよ．

⑧ マキさんの韓国語の発音(발음)，本当にお上手ですね．(좋다の尊敬形を用いて)

漢字と漢字語は 強い 味方！

　韓国語の語彙には漢字で書くことができる**漢字語**が豊富にあり，漢字語は日本語の漢語とその表す意味がほぼ同じであるものが多い．

　漢字1文字1文字の**形**（けい＝文字のかたち），**音**（おん＝発音），**義**（ぎ＝意味）が，朝鮮半島と日本に伝わる際に，音はそれぞれの言語の発音に合わせて変容しつつ今日まで伝わって，それぞれの言語における今日の漢字の読み方ができあがった．これらを**朝鮮漢字音**，**日本漢字音**という．これらはいずれもいわゆる〈**音読み**〉である．日本語ではこれに，固有語，つまり和語をあてて読む，〈**訓読み**〉の習慣もできあがった．**韓国語には訓読みはない**．

　日本語では例えば「京」という漢字は，音読みでも「キョウ」（呉音），「ケイ」（漢音），「キン」（唐音）といった複数の漢字音があるが，韓国語では漢字音は「경」だけである．このように**韓国語では漢字1文字に対し，おおむね読み方は1通りである**．したがって，漢字音を知れば，一生使えるし，いろいろな単語に応用が利く．「生」1文字に「セイ」「ショウ」「いきる」「うむ」「はえる」「なま」「き」…などと悩む必要はない！　日本語は大変だ！

　朝鮮漢字音と日本漢字音はなにしろルーツが同じなので，日本漢字音で「ア」という母音は韓国語でも「ㅏ」，「イ」という母音は「ㅣ」になっていることが多いといった具合に，発音はそれなりに似ているし，一定に音の対応の傾向が見られる．もちろん100％対応するわけではないし，音によっても対応率のばらつきはあるが，こうした音の対応を意識しながら学べば，まさに1を聞いて10，さらには100を知ることができる．知っていると得するような，主な対応を見てみよう：

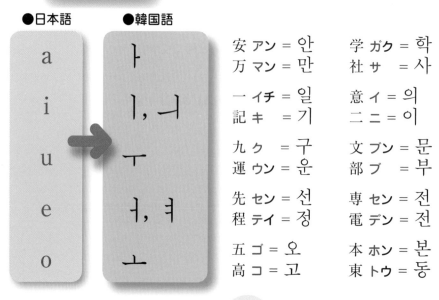

母音の主な対応

●日本語　　●韓国語

a	ㅏ
i	ㅣ, ㅢ
u	ㅜ
e	ㅓ, ㅕ
o	ㅗ

安 アン ＝ 안　　　学 ガク ＝ 학
万 マン ＝ 만　　　社 サ ＝ 사

一 イチ ＝ 일　　　意 イ ＝ 의
記 キ ＝ 기　　　　二 ニ ＝ 이

九 ク ＝ 구　　　　文 ブン ＝ 문
運 ウン ＝ 운　　　部 ブ ＝ 부

先 セン ＝ 선　　　専 セン ＝ 전
程 テイ ＝ 정　　　電 デン ＝ 전

五 ゴ ＝ 오　　　　本 ホン ＝ 본
高 コ ＝ 고　　　　東 トウ ＝ 동

子音（初声）への対応

●日本語	●韓国語
カ行	ㄱ, ㅎ
ガ行	ㅇ, ㅎ, ㄱ
サ行	ㅅ, ㅈ, ㅊ
ザ行	ㅅ, ㅈ, ㅊ
タ行	ㄷ, ㅌ, ㅈ, ㅊ
ダ行	ㄷ, ㅌ, ㅈ
ナ行	ㄴ, ㅇ
ハ行	ㅂ, ㅍ
バ行	ㅁ, ㅂ, ㅍ
マ行	ㅁ
ヤ行	ㅇ
ラ行	ㄹ*

歌 カ = 가 　　会 カイ = 회
記 キ = 기 　　兄 ケイ = 형

五 ゴ = 오 　　学 ガク = 학
語 ゴ = 어 　　劇 ゲキ = 극

山 サン = 산 　　市 シ = 시
主 シュ = 주 　　千 セン = 천

在 ザイ = 재 　　字 ジ = 자
次 ジ = 차 　　時 ジ = 시

東 トウ = 동 　　湯 トウ = 탕
点 テン = 점 　　体 タイ = 체

大 ダイ = 대 　　第 ダイ = 제
土 ド = 토 　　道 ドウ = 도

南 ナン = 남 　　二 ニ = 이
年 ネン = 년 　　燃 ネン = 연

父 フ = 부 　　八 ハチ = 팔
非 ヒ = 비 　　平 ヘイ = 평

馬 バ = 마 　　部 ブ = 부
文 ムン = 문 　　編 ヘン = 편

万 マン = 만 　　木 モク = 목
味 ミ = 미 　　名 メイ = 명

薬 ヤク = 약 　　曜 ヨウ = 요
友 ユウ = 유 　　訳 ヤク = 역

李 リ = 리 　　留 リュウ = 류
歴 レキ = 력 　　六 ロク = 륙

*ㄹが初声に立つ漢字音は，韓国ではㄹは語頭では脱落し，李리が이，
歴력が역などとなる。共和国では脱落しない．

131

子音(終声)への対応

●日本語 → ●韓国語

日本語	韓国語
-ン	ㄴ, ㅁ
-ツ, -チ	ㄹ
-ク, -キ	ㄱ
-ウ	ㅇ, 終声なし
-(e)イ	ㅇ, 終声なし

先 セン = 선　　三 サン = 삼
間 カン = 간　　南 ナン = 남

一 イチ = 일　　日 ニチ = 일
発 ハツ = 발　　達 タツ = 달

木 モク = 목　　学 ガク = 학
駅 エキ = 역　　食 ショク = 식

同 ドウ = 동　　校 コウ = 교
方 ホウ = 방　　友 ユウ = 유

生 セイ = 생　　経 ケイ = 경
定 テイ = 정　　計 ケイ = 계

*日本漢字音と朝鮮漢字音の対応については, 『新・至福の朝鮮語』(野間秀樹著. 朝日出版社)の漢字音対照表を参照するとよい.

挑戦してみよう!

漢字音を推測しながら, 次の漢字語をハングルで書いてみよう. どのくらい推測があたるだろうか. なお字体は日本語の字体で示してある.

a　安心　　　　　　安寧　　　　　　　案内地図

b　電気　　　　　　伝記文学　　　　　伝達方法

c　文章(의) 意味　　意見交換　　　　　文人意識

d　発達 調査　　　　文化 発展　　　　　発明 発見

132

e　初等学校 運動会　　　中学校 教師研修　　　高等学校 入試問題

f　語学 工夫　　　　　　中国語 通訳　　　　　仏語会話 入門

g　日本 新聞記者　　　　国際大会 記録更新　　百周年記念講演準備

h　民主化運動 闘士　　　市民団体代表 選挙

i　学問分野　　　　　　歴史学研究室 教授　　学生食堂 食券

j　時間管理 秘訣　　　　漢字教育 問題点　　　整理

카페에서 저녁이라도 먹을까요?

カフェで夕食でも食べましょうか.

36

ポイント　하다用言.　Ⅰ-고(…して).　Ⅱ-면서(…しながら).　Ⅱ-ㄹ까요?(…しましょうか).

●会話　●교실에서

❶ 석우 : 마키 씨, 주말에는 뭐 하세요?

❷ 마키 : 저요? 글쎄요. 주말에는 아무 것도 안 해요.

❸ 　　　 아, 공부하죠. 한국어 공부를 해요.

❹ 석우 : 그래요? 그럼 저하고 같이 공부하시죠.

❺ 　　　 어떠세요?

❻ 마키 : 네, 좋아요. 근데 어디서 할까요?

❼ 석우 : 우리 같이 바닷가로 가요.

❽ 　　　 그리고 카페에서 저녁이라도 먹을까요?

❾ 마키 : 네? 바닷가 구경하고, 식사하고.

❿ 　　　 그게 무슨 공부예요?

⓫ 석우 : 아니, 바다를 보면서 한국어로 얘기를 하죠.

⓬ 　　　 밥도 먹고 한국어로 이야기도 하고.

⓭ 　　　 이것이 바로 생활 속의 한국어 공부죠.

134

교실	〈教室〉[kjoʃil] 教室
주말	〈週末〉[tʃumal] 週末
하세요?	[hasejɔ] なさいますか.　하다の尊敬形Ⅱ–세요
글쎄요	[kɯlʔsejɔ] 間投詞 そうですねえ
아무 것도	[amugɔtʔto] 何も（～ない）
해요	[hɛjɔ] します.　하다のⅢ–요. 해요体
그래요?	[kɯrɛjɔ] そうですか
공부하시죠	[koŋbu(h)aʃidʒɔ] 勉強なさったら（どうですか）.「저하고 같이　Ⅱ–시죠」で「私と一緒に…なさいませんか」の意 → Ⅰ–죠は11課 p.111
어떠세요?	[ɔ'tʔɔsejɔ] どうでしょうか. いかがでいらっしゃいますか.　辞書形が어떻다（どうだ）という形の尊敬形の해요体. 非尊敬形なら어때요（どうですか）という形になる. ㅎ（ヒウッ）変格（p.143）という型の活用だが, ここではこのままの形で覚えておこう
근데	[kɯnde] 接続詞 で. ところで
어디서	[ɔdisɔ] どこで. どこから.　어디（どこ）+ –서（…で. …から）
할까요?	[halʔkajɔ] しましょうか.　하다の相談法Ⅱ–ㄹ까요. → 文法と表現.
바닷가	[padatʔka]～[padakʔka] 海辺.　바다は「海」,「가」は「ほとり」
–로/–으로	[ro][ɯro] 助詞 …へ（方向）, …で（手段・方法）.　母音や終声のㄹで終わる単語には –로, –로以外の子音で終わる単語には –으로を用いる. 바닷가로 海辺へ. 서울로 ソウルへ. 산으로 山へ；한국어로 韓国語で. 말로 ことばで. 책으로 本で.
그리고	[kɯrigo] 接続詞 そして
카페	標準語では [kʰapʰe] だが, 普通 [ʔkapʰe 까페] と発音. カフェ
저녁	[tʃɔnjɔk] 夕食
–이라도	[irado] 助詞 …でも.　母音で終る体言には –라도, 子音で終る体言には –이라도
먹을까요?	[mɔgɯlʔkajɔ] 食べましょうか.　먹다の第Ⅱ語基に相談法の語尾 –ㄹ까요がついた形. → 文法と表現.
구경하고	[kugjɔŋ(h)ago] 見物して.　구경하다の第Ⅰ語基に接続形語尾 –고がついた形. → 文法と表現.
식사하고	〈食事–〉[ʃikʔsa(h)ago] 食事して.　식사하다の接続形Ⅰ–고. → 文法と表現.
그게	[kɯge] それが.　그것（それ）+ –이（…が）の短縮形 → 9課 p.97
무슨	[musɯn] 冠形詞 何の.「그게 무슨 공부예요?」は直訳すると「それが何の勉強ですか」. ここでは「それがいったい何の勉強なのですか＝勉強なんかじゃありませんよ」のように反語的に表わしている

바다	[pada] 海
보면서	[pomjɔnsɔ] 見ながら. 보다の接続形Ⅱ−면서. ➡文法と表現.
얘기	[jɛgi] 話. 이야기の短縮形
하죠	[hadʒo] しましょう. 하다のⅠ−죠
밥	[paᵖ] ごはん
먹고	[mɔᵏ'ko] 食べて. 먹다の接続形Ⅰ−고. ➡文法と表現.
이야기	[ijagi] 話
바로	[paro] 副詞 まさに. ちょうど
생활	〈生活〉[sɛŋ(h)waɭ] 生活
속	[soᵏ] 中・奥
공부죠	〈工夫→〉[koŋbudʒɔ] 勉強ですよ. 공부（勉強）＋指定詞 −이다（…である）の第Ⅰ語基 −이− に −죠がついた形. 공부이죠という形から，공부が母音で終わる単語なので，指定詞の −이− が脱落している

136

文法と表現

하다用言

⭐ **하다用言のタイプ**

辞書形が하다(する)で終わる用言を하다用言という. 하다用言には次の2つのタイプがある:

名詞類＋하다	形容詞の第Ⅲ語基＋하다
공부(勉強) ＋ 하다 : 공부하다	좋다(良い) ➡ 좋아 ＋ 하다 : 좋아하다
구경(見物) ＋ 하다 : 구경하다	싫다(いやだ) ➡ 싫어 ＋ 하다 : 싫어하다
애기(話) 　＋ 하다 : 애기하다	

〈形容詞の第Ⅲ語基＋하다〉のタイプは動詞だけである.

〈名詞類＋하다〉の하다用言のタイプは動詞と形容詞がある. :

名詞類＋하다

動詞: 공부하다 ➡ 勉強する	形容詞: 안녕하다 ➡ 元気だ
일하다 ➡ 仕事する	조용하다 ➡ 静かだ
애기하다 ➡ 話する	시원하다 ➡ 涼しい
사랑하다 ➡ 愛する	

＊안녕が名詞として用いられるのは稀.
조용や시원は単独の名詞としては用いない.

⭐ **하다用言の分離**

動詞の〈名詞＋하다〉のタイプの하다用言は, 次のように하다の前の部分と하다が分離し, その間にさまざまな助詞の類が入りうる:

공부　하다

⬇

공부 助詞類 하다

공부하다		勉強する
⬇		
공부를	하다	勉強をする
공부도	하다	勉強もする
공부는	하다	勉強はする
공부만	하다	勉強だけする
공부까지	하다	勉強までする

⭐ 하다用言の否定や不可能の表現

副詞안や못も，名詞と하다の間に入って，하다用言の否定や不可能の表現を作る：

공부 　안　 하다　　　勉強しない

공부 　못　 하다　　　勉強できない

ただし，形容詞の〈名詞＋하다〉の하다用言や〈形容詞の第Ⅲ語基＋하다〉の하다用言は，안や못が하다用言全体の前に置かれる：

　안　 조용하다　　　静かではない

　안　 좋아하다　　　好きではない

⭐ 하다用言の活用

하다（する）は母音語幹なので，第Ⅰ語基と第Ⅱ語基は同じく하ーであるが，第Ⅲ語基では해ーと，異なった形になる．하다用言の語基活用は，하다の部分だけが活用する：

하다用言の語基活用

	Ⅰ	Ⅱ	Ⅲ
하다 (する)	하ー	하ー	해ー 하여ー（非常にかたい書きことばで）
공부하다 (勉強する)	공부하ー	공부하ー	공부해ー 공부하여ー（非常にかたい書きことばで）

주말에는 뭐 하세요?　　　　　── 한국어 공부를 해요.
週末は何をなさいますか．　　　　── 韓国語の勉強をします．

집에서는 공부를 못 합니다. 주로 도서관에서 하죠.
家では勉強ができません．主に図書館でしますよ．

何をなさいますか？　　　　　➡

勉強します．　　　　　➡

勉強をします．料理(요리)もします．➡

勉強はしません．　　　　　➡

料理もできません．　　　　　➡

何もしません．　　　　　➡

この歌(노래)は好きではありません．➡
　　　　　(좋아하다を用いる)

Ⅰ-고 …して [ことがらの並列を表わす接続形]

Ⅰ-고は「…して」のように，文をさらに続ける形．文を終えず，このようにさらに続ける形を **接続形**という．p.119 Ⅲ-서参照．Ⅰ-고は，ことがらが並列していることを表す：

ことがら A　　**ことがら B**

A し，　　　　　B する

바닷가 구경하고 식사하고. (動詞)　　　　　海辺を見て，食事して．

그 책은 저한테도 있고 마키 씨한테도 있어요. (存在詞)

その本は私にもあるし，マキさんにもあるんですよ．

전 대학생이고 동생은 고등학생이에요. (指定詞)　私は大学生で，弟は高校生です．

プレゼント(선물)も買って，一緒に食事もしましょう．　　➡

ソウルにも行くし，プサン(부산)にも行かれるんですか．　➡

この方(분)がマキさんで，この方がミナさんです．　　　➡

 Ⅱ-면서 …しながら．…でありながら

Ⅱ-면서も接続形の1つ．2つのことがらが並行していることを表す：

ことがら A　　ことがら B

A しながら，B する．A でありながら，B である．

바다를 보면서 한국어로 얘기를 하죠.　　海を見ながら，韓国語で話します．

커피를 마시면서 신문을 봅니다.　　コーヒーを飲みながら，新聞を見ます．

次の用言の第Ⅱ語基に **-면서** をつけて発音してみよう：

먹다 ➡　　　　　　　좋아하다 ➡

있다 ➡　　　　　　　만나다 ➡

좋다 ➡　　　　　　　오다 ➡

電話(전화) しながら，掃除(청소)します．　　➡

テレビ(텔레비전)を見ながらご飯(밥)を食べます．➡

Ⅱ-ㄹ까요? …しましょうか [相談法]

Ⅱ-ㄹ까요? は，相手に「…しましょうか」「…でしょうか」と判断を仰ぐ形．何かを勧めたり，誘うときによく用いる：

공부는 어디서 할까요? 勉強はどこでしましょうか.

우리 같이 바닷가로 갈까요? 私たち一緒に海に行きましょうか.

내일 마키 씨도 올까요? 明日, マキさんも来るでしょうか.

 次の用言の第Ⅱ語基に −ㄹ까요? をつけて発音してみよう：

먹다　　➡　　　　　애기하다 ➡

앉다(座る) ➡　　　　보다　　➡

만나다　➡　　　　　괜찮다　➡

何を食べましょうか.

　➡

どこで会いましょうか.

　➡

ここに座りましょうか.

　➡

パーティーは面白い(재미있다)でしょうか.

　➡

1 次の用言に語尾 I-고(…して)， II-면서(…しながら)， II-ㄹ까요? (…しましょうか)
をつけて書き，発音しよう.

用言	I -고	II-면서	II-ㄹ까요?
타다 (乗る)			
보다 (見る)			
먹다 (食べる)			
얘기하다 (話しする)			
가다 (行く)			
공부하다 (勉強する)			
읽다 (読む)			
마시다 (飲む)			
있다 (いる)			

2 次の各文を訳し，ハングルで書いて発音しよう.

① 明日は何をなさるのですか． —— 友達にも(친구도) 会って，映画も見ます.

② 一緒に夕食でも食べましょうか．食べながら，その話もしましょう.

③ 明日がマキさんの誕生日で，あさって(모레) がミナさんの誕生日でしょう?
　プレゼント，一緒に買いましょうか.

④ え?　今日は食事もできないし，一緒に勉強もできないのですか?

⑤ カフェで会いましょうか．コーヒー (커피) でも飲みながら韓国語で話して.
　これがまさに生活の中の韓国語の勉強でしょう.

141

제 15 과

주말에 한국어 공부 어땠어요?

週末，韓国語の勉強どうでしたか．

37

ポイント　過去形 Ⅲ-ㅆ-．根拠法 Ⅰ-거든요 (…するものですから)．

会話　●대학 식당에서

❶ 민아 : 석우 씨, 주말에 한국어 공부 어땠어요?

❷ 석우 : 네? 한국어 공부요?

❸ 민아 : 네, 누구랑 바닷가로 가셨죠?

❹ 　　　 한국어 공부 많이 하셨어요?

❺ 석우 : 아니, 근데 그걸 어떻게.

❻ 민아 : 다 제가 소식통이 있거든요.

❼ 석우 : 어, 예, 그냥 공부 좀 했어요.

❽ 민아 : 근데 재미있으셨어요?

❾ 석우 : 네, 아주 재미있었습니다.

❿ 　　　 경치가 최고였어요. 정말 멋있었어요.

⓫ 　　　 일본의 바닷가는 저도 처음이었거든요.

⓬ 민아 : 그런데… 경치가 좋았어요? 마키 씨가 좋았어요?

⓭ 석우 : 허걱…

142

식당	〈食堂〉[ʃikʲtaŋ] 食堂
어땠어요?	[ɔ̌tɛʔsɔjɔ] どうでしたか．　어떻다（どうだ）の第Ⅲ語基に過去の接尾辞 –ㅆ– がつき，さらにⅢ–요がついた形．➡文法と表現．어떻다の語基活用：Ⅰ어떻–，Ⅱ어떠–，Ⅲ어때–．このように第Ⅱ語基，第Ⅲ語基で ㅎ（ヒウッ）が脱落する活用を ㅎ変格活用という．p.24，28 などの어때요?（どうですか）は，この第Ⅲ語基に –요がついた形．14 課の어떠세요もこの第Ⅱ語基に –세요がついた形
누구	[nugu] 誰．誰か．　韓国語のほとんどの疑問詞は，このように「誰」という疑問の意味と，「誰か」という不定の意味がある
–랑	[raŋ] …と．…とか．　話しことばで用いる．母音の後は –랑，子音の後は –이랑．너랑 나랑（あなたと私と）．책이랑 펜이랑（本とペンと）．
가셨죠?	[kaʃⁿtɕɔ] 行かれたでしょう？　가다の第Ⅱ語基に –시– がつき，さらに過去の接尾辞のⅢ–ㅆ– がついて，語尾Ⅰ–죠がついた形．➡文法と表現．
하셨어요?	[haʃʲsɔjɔ] なさいましたか．　〈하다のⅡ〉＋〈尊敬の –시– のⅢ〉＋〈過去の –ㅆ–〉＋〈해요体の語尾 –요〉の形．➡文法と表現．
그걸	[kɯgɔl] それを．　그것을の短縮形．➡9 課 p.97 그건などを参照
어떻게	[ɔ̌tɔkʰe] 副詞 どのように．どうして
다	[ta] 副詞 すべて．みな
소식통	〈消息通〉[soʃikʰtʰoŋ] 消息通
있거든요	[iʔkɔdɯnnjɔ] あるんですよ．있다の第Ⅰ語基に根拠法の語尾 –거든요がついた形．➡文法と表現．
그냥	[kɯnjaŋ] ただ
좀	[tɕom] 副詞 ちょっと．少し．　量的な「少し」ではなく，緩衝表現としてことばを和らげるのに用いる
했어요	[hɛʔsɔjɔ] しました．　하다の第Ⅲ語基に過去の接尾辞 –ㅆ– がつき，さらにⅢ–요がついた形．➡文法と表現．
재미있으셨어요?	[tɕɛmiiʔsuʃʲɕɔjɔ] 面白くていらっしゃいましたか．お楽しみになられましたか．〈재미있다の第Ⅱ語基〉＋〈尊敬の –시– のⅢ〉＋〈過去の–ㅆ–〉＋〈해요体の語尾 –요〉．「재미있어요」（面白いですか）の尊敬の過去形 ➡文法と表現．
재미있었습니다	[tɕɛmiiʔsɔʔsumnida] おもしろかったです．　재미있다の第Ⅲ語基に過去の接尾辞 –ㅆ– がつき，さらにⅠ–습니다がついた形．「재미있습니다」（面白いです）の過去形 ➡文法と表現．
경치	〈景致〉[kjɔŋtʃʰi] 景色．眺め
최고였어요	〈最高〉[tɕʰwegojɔʔsɔjɔ] 最高でした．　–이다の第Ⅲ語基 –여– に過去の接尾辞 –ㅆ– がつき，さらにⅢ–요となった形．➡文法と表現．
멋있었어요	[mɔʃiʔsɔʔsɔjɔ] すばらしかったです．멋있다の第Ⅲ語基に過去の接尾辞 –ㅆ– がつき，さらにそのⅢに –요がついた形．「멋있어요」（すばらしいです．かっこいいです）の過去形 ➡文法と表現．

처음이었거든요	[tʃʰɔɯmicˀkɔdɯnnjɔ]~[tʃʰɔɯmijɔˀkɔdɯnnjɔ] 初めてだったんですよ. −이다の第Ⅲ語基 −이어− に過去の接尾辞 −ㅆ− がつき，さらにそのⅠに根拠法の語尾 −거든요がついた形. ➡文法と表現.
좋았어요?	[tʃoaˀsɔjɔ] 良かったですか. 좋다の第Ⅲ語基に過去の接尾辞 −ㅆ− がつき，さらにⅢ−요となった形. ➡文法と表現.
허걱	[hɔgɔk] 間投詞 (驚いたり焦るなどして) うっ. ぎょっ. むむっ

文法と表現

1　Ⅲ-ㅆ-　過去形

　ことがらを過去のものとして述べるときには，過去形を用いる．過去形を作るには，過去の接尾辞 -ㅆ- を用いる．すでに 13 課で学んだ尊敬の接尾辞 -시- や，この -ㅆ- のように，**用言の本体と語尾の間に入る要素を，接尾辞**という．

　過去形を作る過去の接尾辞 -ㅆ- は用言の第Ⅲ語基につく．また，これだけで文を終わらせることはできないので，-ㅆ- の後ろに何らかの語尾を必ずつけなければならない．そのとき，用言の第Ⅲ語基につく-ㅆ- は語尾をつけるために，-ㅆ- 自身も次のように 3 つの語基活用を行う：

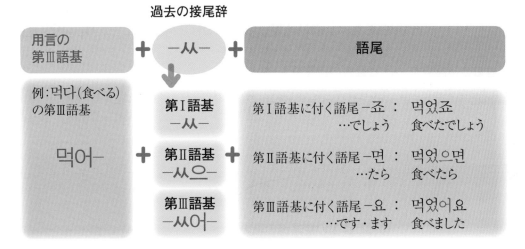

過去の接尾辞

用言の第Ⅲ語基	+	-ㅆ-	+	語尾

例：먹다(食べる)の第Ⅲ語基

먹어-　+

第Ⅰ語基　-ㅆ-　　第Ⅰ語基に付く語尾 -죠：　먹었죠　…でしょう　食べたでしょう

第Ⅱ語基　-ㅆ으-　　第Ⅱ語基に付く語尾 -면：　먹었으면　…たら　食べたら

第Ⅲ語基　-ㅆ어-　　第Ⅲ語基に付く語尾 -요：　먹었어요　…です・ます　食べました

level up!　用言の第Ⅲ語基につく-ㅆ- は子音語幹用言と同様の語基活用を行う．第Ⅰ語基は何もつけず-ㅆ-，第Ⅱ語基は -ㅆ- が終声子音で終わっているので -ㅆ으-，第Ⅲ語基は -ㅆ- が「ㅏ，ㅗ以外」のグループに入るので -ㅆ어- となる．

　過去の接尾辞と語尾をつけ，書いて発音してみよう：

辞書形	第Ⅲ語基	Ⅲ-ㅆ-＋Ⅰ-죠	Ⅲ-ㅆ-＋Ⅱ-면	Ⅲ-ㅆ-＋Ⅲ-요
있다	있어-		있었으면	
좋다		좋았죠		좋았어요
공부하다			공부했으면	
보다			봤으면	

15 십오

⭐ **指定詞の過去形**

指定詞がⅢ-ㅆ-をとる場合，第Ⅲ語基は，母音で終わる単語につくときは-**여**-，子音で終わる単語につくときは-**이어**-という形になる. → p.105 の表参照

指定詞-이다の第Ⅰ語基と第Ⅱ語基は，母音で終わる単語につくと，-**이**-が脱落しうる. 話しことばでは基本的に脱落する：

		Ⅰ-죠	Ⅱ-세요	Ⅲ-ㅆ어요
母音で終わる単語 +-(이)다	최고이다	최고(이) 죠	최고(이) 세요	최고였어요
子音で終わる単語 +-이다	처음이다	처음이죠	처음이세요	처음이었어요
	아니다	아니죠	아니세요	아니었어요

⭐ **尊敬の接尾辞Ⅱ-시-と過去の接尾辞Ⅲ-ㅆ-の結合**

「…なさった」「…でいらした」のように，尊敬の接尾辞-시-と過去接尾辞が同時に用いられるときは，必ず-시-の次に-ㅆ-という順序になる. 結果として常に-셨-という形をとる：

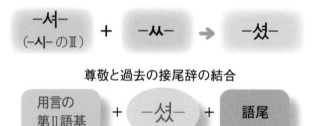

尊敬と過去の接尾辞の結合

用言	第Ⅱ語基	Ⅱ-셨+Ⅰ-죠	Ⅱ-셨-+Ⅱ-면	Ⅱ-셨-+Ⅲ-요
가다	가-	가셨죠	가셨으면	가셨어요
멋있다	멋있으-	멋있으셨죠	멋있으셨으면	멋있으셨어요

面白かったですか.（재미있다の尊敬の過去形の해요体）➡

よろしかったでしょう.（좋다）　➡

勉強なさいましたか.（공부하다）➡

146

● 否定の副詞**안**など，否定と共に過去形が使われると，「…しなかった」と
「…していない」の両方の意味になりうる：

숙제를 했어요? ──아뇨, 안 했어요.

　宿題をしましたか. ──いいえ, しませんでした. ／ していません.

2　**I-거든요 …するものですから. …するんですけどね.** [根拠法]

　後続する話の前提や，述べたことがらの根拠などを表す．I-거든요は，ㄴ[n] の挿入が起
こり，発音が [거든뇨] あるいは [거든녀] となる：

話の前提

주말에 마키 씨하고 바닷가에 갔거든요. 정말 재미있었어요.

　週末, マキさんと海辺に行ったんですけどね. 本当に楽しかったですよ.

根拠・理由

어제 그 드라마 못 보셨어요? ──네, 시간이 없었거든요.

　昨日, あのドラマご覧になれませんでしたか.

　　　──ええ, 時間がなかったもんですから.

I - 거든요をつけて，次の文を作ってみよう：

面白いですから.(재미있다)　　➔

面白かったですから.　　　　　➔

いらっしゃいますけどね.(계시다) ➔

いらっしゃったんですけどね.　 ➔

行きますけどね.(가다)　　　　 ➔

お行きになったんですけどね.　 ➔

するもんですから.(하다)　　　 ➔

しましたけどね.　　　　　　　 ➔

147

1 次の用言を活用させ，表を完成させ，発音してみよう．

単語	I-거든요 …するものですから	Ⅲ-ㅆ-+I-거든요 …したものですから	Ⅲ-ㅆ-+Ⅲ-요 …しました	Ⅱ-셨-+Ⅲ-요 …なさいました
없다 (ない. いない)	없거든요			
가다 (行く)				
아니다 (…ではない)				
얘기하다 (話しする)		얘기했거든요		
좋다 (良い)				
계시다 (いらっしゃる)				계셨어요
처음이다 (初めてである)			처음이었어요	
멋있다 (素敵だ)				
다니다 (通う)				다니셨어요
보다 (見る. 会う)				
만나다 (会う)				

2 次の各文を訳し，ハングルで書いて，発音しなさい．

① 昨日，あのドラマ(드라마) ごらんになりましたか．

　➡

② あのドラマですか．見られませんでした．試験(시험) 勉強をしていたものですから．

　➡

③ 留学生のパーティー，どうでしたか．李先生もいらっしゃいましたか．

　➡

④ 私は初めてだったんですけどね．本当に面白かったですよ．李先生も来られました．

　➡

⑤ 日本の海辺の景色は，最高だったんですよ．

　➡

⑥ 昨日はマキさんと一緒にお昼(점심〈點心〉)を食べて，図書館(도서관) へ行きました．

　➡

⑦ 週末には何をなさいましたか．

　➡

⑧ 私ですか．そうですね(글쎄요)．
　家で料理もやって…，あ，そうだ(아, 맞다)．マキさんにも(마키 씨도) 会いました．

　➡

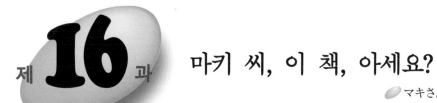

제 16 과

마키 씨, 이 책, 아세요?

マキさん、この本ご存知ですか。

38

ポイント　ㄹ活用，婉曲法 I−는데요(…するんですが)/II−ㄴ데요(…ですが)

会話　●연구실에서

❶ 김 선생님 : 마키 씨, 이 책 아세요?

❷ 마키 : 예, 압니다. 지난번에 읽었습니다.

❸ 김 선생님 : 네? 아니, 이런 한국어 책을 벌써 다 읽었어요?

❹ 마키 : 사실은 번역으로 읽었어요.

❺ 김 선생님 : 번역으로요?

❻ 　그럼 이 책은 알아요? (他の本を指差して)

❼ 마키 : 아, 그건 제목은 아는데요, 아직 못 읽었어요.

❽ 　"세종대왕" 열 권짜리 한국 역사 책이죠?

❾ 　선생님은 다 읽으셨어요?

❿ 김 선생님 : 그럼요. 다 읽었죠.

⓫ 마키 : 와.

⓬ 김 선생님 : 사실은… 이건 만화책이에요.

⓭ 마키 : 만화책이요?

150

연구실	〈研究室〉[jɔŋguʃil] **研究室**
아세요?	[asejɔ] ご**存知**ですか. 알다(知る. わかる)の第Ⅱ語基に−세요がついた形. 尊敬の −시− や −세− がつくと, 알다など ㄹ語幹の用言は語幹の ㄹ が脱落する ➡ **文法と表現**.
압니다	[amnida] **知って**います. 알다(知る. わかる)の第Ⅱ語基に−ㅂ니다がついた形. −ㅂ니다のようにㅂで始まる語尾がつくと, 알다の語幹の ㄹ が脱落する ➡ **文法と表現**.
지난번	〈−番〉[tʃinanbɔn] **このあいだ**. **先**(せん)だって. 副詞的に用いるときは, ここでのように −에をつけ, 지난번에の形で使う ➡ 11 課 p.111 −에
읽었습니다	[ilgʌ͈s͈ɯmnida] **読みました**. 읽다のⅢに過去の −ㅆ− をつけ, その第Ⅰ語基に −습니다をつけた形. 읽습니다(読みます)の過去形
아니	[ani] 間投詞 **いや**. **あれ**. **何**
이런	[irɔn] 冠形詞 **こんな**. **このような**. 「そんな」は그런, 「あんな」は저런
벌써	[pɔl͈s͈ɔ] 副詞 **すでに**. **もう**
읽었어요?	[ilgʌ͈s͈ɔjɔ] **読みましたか**. 읽다のⅢに過去の −ㅆ− をつけ, その第Ⅲ語基に−요をつけた形. 읽어요?(読みますか)の過去形
사실은	〈事實−〉[saʃirɯn] **実は**
번역	〈飜譯〉[pɔnjɔ͈k] **翻訳**. 번역으로는「翻訳で」. この −로/−으로は**手段・方法**を表す. 번역으로요?(翻訳でですか)の −요は丁寧化のマーカー
알아요?	[arajɔ] **知って**いますか. 알다のⅢ−요形. ➡ **文法と表現**.
그건	[kɯgɔn] **それは** ➡ p.97
제목	〈題目〉[tʃemo͈k] **タイトル**. **題目**
아는데요	[anɯndejɔ] **知って**いますけど. 알다の第Ⅰ語基に −는데요がついた形. −는데요のようにㄴで始まる語尾がつくと, 알다の語幹の ㄹ が脱落する ➡ **文法と表現**.
아직	[adʒi͈k] 副詞 **まだ**
못 읽었어요	[monnilgʌ͈s͈ɔjɔ] **読めませんでした**. **読めていません**. ➡ 12 課 p.118 못. [몬닐거써요]のように, 発音上, [n] の挿入が起き, それによって**鼻音化**が起きる ➡ [n] の挿入 p.179 ➡ 口音の鼻音化 4 課 p.50, p.173
세종대왕	〈世宗大王〉[sedʒoŋdɛwaŋ] **世宗大王**. 朝鮮王朝第4代の王 世宗 金学洙 画 世宗大王記念事業会所蔵

151

열	[jɔl] 固有語数詞 10（とお）➡ 3 課 p.45, p.106
권	〈巻〉[kwɔn] 助数詞 （固有語数詞の連体形について）…冊.（漢字語数詞について）（第）…巻
−짜리	[ˈtʃari] …ほど.「…に相当する量や価値の」の意.「열 권짜리」は「全部で 10 巻から成る」.「천 원짜리」というと「千ウォン札」
역사	〈歷史〉[jɔkˀsa] 歴史
읽으셨어요?	[ilgɯʃˀsɔjɔ] 読まれましたか.　읽다のⅡに −시− がつき，そのⅢに −ㅆ−，さらにそのⅢに −요がついた形
그럼요	[kɯrɔmnjɔ] 間投詞 もちろんです.　そうですとも.［그럼뇨］と発音上，[n] の挿入が起きる. −요は丁寧化の −요で，그럼だけなら「もちろん」，「そうだとも」のように丁寧でなくなる
읽었죠	[ilgɔˀtʃɔ] 読んだんですよ.　읽다のⅢに過去の −ㅆ− がつき，その第Ⅰ語基に −죠がついた形
와	[waː] 間投詞 わあー
이건	[igɔn] これは. 이것（これ）+−은（…は）の短縮形で，話しことばで用いる.「それは」は그건，「あれは」は저건 ➡こそあど 9 課 p.97
만화책	〈漫畫冊〉[man(h)watʃʰɛk] 漫画本

世宗大王とハングルの歴史について調べてまとめてみよう.

➡ 『韓国語教育論講座 第 1 巻・第 4 巻』（くろしお出版，2007，2008）などを手がかりに調べてみよう.

世宗大王　金学洙 画

文法と表現

1 ㄹ活用の用言

　辞書形の語幹が**ㄹ**[リウル]で終わる用言を**ㄹ語幹の用言**という. 用言の後ろにどのような語尾や接尾辞が来るかによって, 第Ⅰ語基と第Ⅱ語基には**ㄹ**が落ちる形と落ちない形の2つがある. 動詞**알다**(知る, わかる)を例に見てみよう:

| | 語尾や接尾辞の例 | Ⅰ | Ⅱ | Ⅲ |

ㄴ,(終声の)ㄹ, ㅂ, ㅅ, 오 以外の音で始まる語尾や接尾辞がつく場合 — Ⅰ-죠, Ⅰ-고, Ⅱ-면 など — **ㄹが落ちない** 알- 알-

ㄴ,(終声の)ㄹ, ㅂ, ㅅ, 오の音で始まる語尾や接尾辞がつく場合 — Ⅰ-는데요, Ⅱ-ㄹ까요, Ⅰ·Ⅱ-ㅂ니다, Ⅱ-사 など — **ㄹが落ちる** 아- 아-

알아-

★ **ㄹが落ちない場合** (ㄴ, 終声のㄹ, ㅂ, ㅅ, 오 以外の音で始まる語尾や接尾辞がつく場合)

第Ⅱ語基でも–으–はつかない. **알으면**ではなく, **알면**となる.

　마키 씨, 이 책 알죠?　　　　マキさん, この本, 知ってるでしょう?

　—— 아뇨, 어디서 팔아요?　　　いいえ, どこで売っているんですか.

　—— 학교 앞 서점에서도 팔고 학교에서도 팔거든요.
　　　学校の前の本屋さんでも売ってるし, 学校でも売ってるんですけどね.

	Ⅰ-죠	Ⅰ-고	Ⅰ-거든요	Ⅱ-면
알다(わかる. 知る)				
살다(住む. 暮らす)				
팔다(売る)				
멀다(遠い)				

154

ㄹが落ちる場合 （ㄴ, 終声のㄹ, ㅂ, ㅅ, 오 の音で始まる語尾や接尾辞がつく場合）

마키 씨는 어디 사세요? マキさんは，どこにお住まいですか．

——요코하마에 사는데요. 석우 씨는요? 横浜に住んでるんですけどね．ソグさんは？

——저요? 전 사이타마에 삽니다. 私ですか？私は埼玉に住んでいます．

	Ⅰ・Ⅱ-ㅂ니다	Ⅱ-ㄹ까요?	Ⅱ-세요
알다 (わかる. 知る)			
팔다 (売る)			
멀다 (遠い)			

 Ⅰ-는데요 …するんですが. Ⅱ-ㄴ데요 …ですが. ［婉曲法<ruby>婉曲法<rt>えんきょくほう</rt></ruby>］

　婉曲法は，「…します」と断定するのではなく，「…するのですが」のように遠まわしに言う表現：「…します」「…しますけど？」のごとく疑問文のようにも使われる．

婉曲法

…するんですが，
…するんですけど 　動詞，存在詞（있다. 없다）に 　**Ⅰ-는데요**

…ですが，
…ですけど 　形容詞，指定詞（-이다. 아니다）に 　**Ⅱ-ㄴ데요**

check!
> 재미있다（面白い），재미없다（面白くない）は，日本語の意味では形容詞であるが，韓国語では있다（ある，いる），없다（ない，いない）の合成語は，すべて存在詞．

만나다 ➡ 만나는데요 　　좋다 ➡ 좋은데요

가다 ➡ 　　　　　　　　　괜찮다 ➡

재미있다 ➡ 　　　　　　　학생이다 ➡

이 책은 집에도 없는데요. この本は家にもありませんが．

전 한국사람이 아닌데요. 私は韓国人ではないんですが．

● 尊敬形Ⅱ-시-につくと：動詞や存在詞にはⅠ-는데요を用いて，가시는데요（お行きになりますが），있는데요（ありますが）；形容詞や指定詞にはⅡ-ㄴ데요を用いて，좋으신데요（およろしいですが），선생님이신데요（先生でいらっしゃいますが）となる．なお계시다は계시는데요，계신데요という2つの形が現れうる．

● 過去形Ⅲ-ㅆ-が婉曲形の語尾Ⅰ-는데요/Ⅱ-ㄴ데요（…ですが）をとる場合，品詞にかかわらずⅠ-는데요をとる：〈動詞〉먹다（食べる）➡ 먹었는데요.〈形容詞〉많다（多い）➡ 많았는데요.

チャレンジ 16

1 次の表を完成させ，発音してみよう.

	I・II-ㅂ니다/ I-습니다 …します	I-는데요/ II-ㄴ데요 …するんですが, …ですが	II-세요 …なさいます	III-ㅆ어요 …しました
알다 (わかる)				
살다 (住む)				
읽다 (読む)		읽는데요		
공부하다 (勉強する)				
놀다 (遊ぶ)				
가다 (行く)			가세요	
멀다 (遠い)				
책이다 (本だ)				
대단하다 (すばらしい)				
멋있다 (かっこいい)				
재미있다 (面白い)				재미있었어요
좋다 (良い)				

2 次の各文を訳し，ハングルで書いて発音しなさい．

① この日本の歴史の本，ご存知でしょう?

② —— ええ，私は全部読みましたけどね．(I-거든요を用いる)
　　　とても面白いですよ．マキさんはお読みになりましたか．

③ ミナさん，ソグさんの電話番号(전화번호)，ご存知ですか．

④ —— ええ，知ってますけど．どうしてですか．

⑤ マキさん，どこに住んでいらっしゃるのですか．

⑥ —— 私ですか．横浜に住んでいるんですけど．マキさんは? (丁寧化の語尾 -요/-이요を用いる)

⑦ 週末に韓国語の勉強，たくさんなさいましたか．

⑧ —— ええ，海辺の見物もして，食事もして，韓国語で話もたくさんしました．

⑨ マキさんはソグさんの彼女(여자 친구) だったでしょう?

⑩ —— ええ，今も彼女ですけど．

はばたけミニ会話 !!

● **電話の表現** [　]内は発音を示す．以下，文末の −요はすべて[여]で発音してよい

여보세요? [여브세여?]	もしもし．
김석우 씨죠?	キム・ソグさんですか． −이죠 /−죠は「…でしょう?」→ p.89
누구세요?	どなたですか． 누구は「誰」の意
지금 어디세요?	今，どちらですか． 어디は「どこ」の意
거기 롯데호텔이죠?	そちら，ロッテホテルですね?
잠깐만 기다리세요.	しばらくお待ちください．

● **名を尋ねる**

이름이 뭐에요?	名前は何といいますか． [目上には使えない]
성함이 어떻게 되십니까?	お名前は何とおっしゃいますか．
	[目上にも使えるとても丁寧な表現]
김석우라고 합니다.	キム・ソグと申します．
강민아에요.	カン・ミナです． [母音の後の −에요は −예요とも書く]

● **学年と専攻を尋ねる** ＝自分のことを言えるようにしよう！ [　]内は発音を示す

몇 학년이세요?	[며탕녀니세요]	何年生でいらっしゃいますか．
일 학년이에요.	[이랑녀니에요]	一年です．
이 학년이에요.	[이항녀니에요]	二年です．
삼 학년이에요.	[사망녀니에요]	三年です．
사 학년이에요.	[사항녀니에요]	四年です．

＊「학년」〈學年〉[항년]は「学年」のこと．→ 漢字語数詞 p.89 → 口音の鼻音化 4 課 p.50, p.173

몇 학번이세요?	[며탁뻐니세요]	何年度入学でいらっしゃいますか．
이일 학번이에요.	[이이락뻐니에요]	21 年度入学です． ㅎの弱化が起こる
공육 학번이에요.	[공뉴칵뻐니에요]	06 年度入学です． 공육[공뉵]は [n] の挿入

＊「학번」〈學番〉[학뻔]は「入学年度」のこと．韓国では学年の代わりに，しばしばこの「学番」を用いる．

무슨 과세요?	[무슨 꽈세요]	何学科でいらっしゃいますか．
사회학과에요.	[사훼학꽈에요]	社会学科です．
심리학과에요.	[심니학꽈에요]	心理学科です．
정치학과에요.	[정치학꽈에요]	政治学科です．
예술학과에요.	[예수락꽈에요]	芸術学科です．
일어과에요.	[이러꽈에요]	日本語科です． 일어〈日語〉
불문과에요.	[불문꽈에요]	仏文科です．

영문과에요.	[영문꽈에요]	英文科です.
국문과에요.	[궁문꽈에요]	国文科です.

전공이 뭐에요?	[전공이 뭐에요]	専攻は何ですか.
경영학이에요.	[경영하기에요]	経営学です.
법학이에요.	[버파기에요]	法学です.
영어학이에요.	[영어하기에요]	英語学です.

무슨 학부세요?	[무슨 학뿌세요]	何学部でいらっしゃいますか.
국제학부에요.	[국쩨학뿌에요]	国際学部です.
경제학부에요.	[경제학뿌에요]	経済学部です.
문학부에요.	[무낙뿌에요]	文学部です.
사회학부에요.	[사훼학뿌에요]	社会学部です.
심리학부에요.	[심니학뿌에요]	心理学部です.
법학부에요.	[버팍뿌에요]	法学部です.
외국어학부에요.	[웨구거학뿌에요]	外国語学部です.
정보학부에요.	[정보학뿌에요]	情報学部です.
교양학부에요.	[교양학뿌에요]	教養学部です.
이공학부에요.	[이공학뿌에요]	理工学部です.

* 「終声＋母音」の組み合わせでは，終声の初声化が起きる ➡ p.58, p.174

* 「학부」(学部) が [학뿌] と発音されるように，「つまる音 [ᵖ], [ᵗ], [ᵏ]＋平音」の組み合わせでは，平音は濃音化する ➡ p.57, p.169

* 「법학」(法学) が [버팍]，「몇 학년」(何年生) が [며탕년] となるように，「平音の終声＋ㅎ」の組み合わせは激音化を起こす ➡ p.177

* 「학년」(学年) が [항년] となるように，「口音の終声＋鼻音」の組み合わせでは口音の鼻音化が起きる ➡ p.31, p.173

　韓国の四年制の総合大学は正式には**대학교**〈大學校〉といい，学部を**대학**〈大學〉という．例えば「延世大学文学部」は「**연세대학교 문과대학**」〈延世大學校 文科大學〉のようにいう．したがって，「何学部ですか」は「**무슨 대학이에요?**」などともいう．短期大学は「**대학**」〈大學〉という．

　日常の会話では，「**연세대학교**」〈延世大學校〉を「**연대**」〈延大〉，「**고려대학교**」〈高麗大學校〉を「**고대**」〈高大〉と略したり，「法学部」即ち「**법과대학**」〈法科大學〉を「**법대**」〈法大〉，「美術学部」即ち「**미술대학**」〈美術大學〉を「**미대**」〈美大〉のように略していうことも多い.

　なお，大学名や学部名，専攻名などは，**서울대학교**〈–大學校〉（ソウル大学）の서울などを除いて，ほとんどが漢字語である．

석우 씨도 시를 좋아하세요?

ソグさんも詩がお好きなんですか.

39

ポイント　르変格.　　I-잖아요 …するじゃないですか.
感嘆法 I-네요 …ですね.　　…しますね.

● 会話　● 교실에서

❶ 마키 : 민아 씨는 어떤 책을 좋아하세요?

❷ 민아 : 책이요? 저는 시를 좋아해요.

❸　　　한국의 시는 참 좋아요.

❹ 석우 : 시… 좋죠.

❺ 민아 : 어, 석우 씨도 시를 좋아하세요?

❻　　　평소에 책은 별로 안 읽으시잖아요.

❼ 석우 : 아니, 마키 씨 앞에서 무슨 그런 말씀을…

❽　　　예를 들면, 저… 음,　아, "서시"가 유명하잖아요.

❾ 민아 : "서시"가 누구 신데요?

❿ 석우 : 그게 저…저기… 뭐지?

⓫ 마키 : "서시"는 윤동주의 시 아니에요?

⓬ 민아 : 뭐예요, 석우 씨. 마키 씨가 더 잘 아시네요.

⓭ 석우 : 아니, 전 만화는 잘 아는데요, 사실… 문학은 잘
　　　몰라요.

160

어떤	[ɔˀtɔn] どんな．どのような
시	〈詩〉[ʃi] 詩
평소	〈平素〉[pʰjɔŋso] いつも．ふだん
별로	〈別→〉[pjɔllo] 副詞 （否定の表現とともに用いられて）あまり．別に（…ない）
그런	[kɯrɔn] そんな
말씀	[malˀsɯm] おことば．言（ことば）の尊敬語．自分の「ことば」という謙譲語としても用いる
예를 들면	〈例→〉[jerɯl dɯlmjɔn] 例えば．直訳すると「例を挙げれば」の意
저	[tʃɔ(ː)] 間投詞 あの
음	[ɯm] 間投詞 うーむ
아	[a] 間投詞 あ
서시	〈序詩〉[sɔʃi] **「序詩」**．「序詩」は尹東柱の詩
유명하잖아요	〈有名→〉[jumjɔŋ(h)adʒanajɔ] 有名じゃないですか．形容詞유명하다の第Ⅰ語基に−잖아요がついた形．→文法と表現．
신데요?	〈詩→〉[ʃindejɔ] 詩なんですか．시（詩）＋指定詞−이−のⅡ+−ㄴ데요．−이−が脱落している
저기	[tʃɔgi] 間投詞 あの
뭐지?	[mwɔdʒi] 何だっけ．何だろう
윤동주	〈尹東柱〉[jundoŋdʒu] 尹東柱（1917-1945）．詩人．延禧（연희）專門学校，立教大学，同志社大学で学ぶ．独立運動家として逮捕され，27歳にして福岡刑務所で獄死．
더	[tɔ] 副詞 さらに．もっと
만화	〈漫畫〉[man(h)wa] 漫画
사실	〈事實〉[saʃil] 副詞 実は．実際．名詞 事実
문학	〈文學〉[mun(h)aᵏ] 文学
몰라요	[mollajɔ] 知りません．分かりません．動詞모르다の第Ⅲ語基に−요がついた形．모르다のⅢは몰라−となる．르変格．→文法と表現．

文法と表現

1 르変格の用言

모르다（知らない．わからない）のように辞書形の語幹が르で終わる用言の多くは，第Ⅲ語基で르が ㄹㄹ になる：

르変格用言の活用

辞書形	第Ⅰ語基	第Ⅱ語基	第Ⅲ語基
모르다 （知らない． わからない）	모르-		모르 → 몰 라 -② ① 르 が → ㄹㄹ になる
부르다 （呼ぶ． 〈歌を〉歌う）	부르-		부르 → 불 러 -

르の前の母音が
ㅏ, ㅗ なら ㅏをつけ，
それ以外なら ㅓをつける

한국 음악을 잘 모르세요?　　　—— 네, 잘 몰라요.
　　韓国の音楽をよくご存じないんですか.　　はい, よく知りません.

지은 씨는 노래를 잘 불러요.　　—— 한국 노래도 부릅니까?
　　チウンさんは歌が上手ですよ.　　　韓国の歌も歌いますか.

	Ⅱ-세요	Ⅲ-요	Ⅲ-ㅆ어요
모르다（わからない）	모르세요	몰라요	몰랐어요
부르다（呼ぶ）			
다르다（異なる）			
빠르다（速い）			

2 Ⅰ-잖아요 …するじゃないですか．…じゃないですか [共同確認]

聞き手も納得するように，話し手の思っていることを確認することを表す：

마키 씨, '서시' 아세요?　　—— 그럼요, '서시'는 유명하잖아요.
　　マキさん,「序詩」ご存知ですか.　　もちろんですよ,「序詩」は有名じゃないですか.

주말에 마키 씨하고 바다에 갔잖아요. 재미있었어요?
　　週末にマキさんと海へ行ったじゃないですか. 楽しかったですか.

基本形	用言のI＋-잖아요	尊敬の接尾辞 II-시-のI＋-잖아요	過去の接尾辞 III-ㅆ-のI＋-잖아요
좋아하다(好きだ)	좋아하잖아요	좋아하시잖아요	좋아했잖아요
모르다(知らない, わからない)		모르시잖아요	
알다(知る, わかる)	알잖아요		

この歌手(가수), 好きですか. ——ええ, 素敵(멋있다)じゃないですか.

  ➡

これ, ソグさんの本じゃないですか.　全部お読みになりましたか.

  ➡

level up! 話のはじめに用いられる**있잖아요**は「あのですね」ほどの意で, 저기(あの), 저기요(あのですね)などと同様, 話を始めるときの前置き表現として用いられる.

  있잖아요 , 석우 씨 , 부탁이 하나 있는데요 .　 —— 네 , 뭔데요 ?
   あのですね, ソグさん, お願いが1つありますけど.   ええ, 何でしょうか.

3　　I-네요 …ですね. …しますね ［発見的感嘆］

 発話の現場で気づいたこと, 発見したことに対する感嘆の気持ちを表す. 尊敬形につく場合は, II-시-の第Ⅰ語基-시-(13課 p.125 参照)に, 過去形にはⅢ-ㅆ-の第Ⅰ語基-ㅆ-(15課 p.145 参照)につく:

基本形	用言のI＋ -네요	尊敬の接尾辞 II-시-のI＋ -네요	過去の接尾辞 III-ㅆ-のI＋ -네요
잘하다(上手だ)	잘하네요	잘하시네요	잘했네요
알다(知る, わかる)	아네요		
읽다(読む)			

韓国語がとてもお上手ですね. (-를／-을 잘하다)　➡

ミナさんは本もたくさんお読みになりますね.　➡

ソグさんの CD, ここにありましたね.　　➡

ここは景色が最高ですね.　　　　　　　➡

163

1 次の表を完成させ，発音してみよう.

	I−잖아요 …じゃないですか	II−세요 …でいらっしゃいます …なさいます	III−서 …なので，…して	III−ㅆ어요 …でした …しました
좋다 (良い)	좋잖아요		좋아서	
알다 (知る，わかる)				
멀다 (遠い)				
대단하다 (すばらしい)				
부르다 (呼ぶ)				
멋있다 (素敵だ)				멋있었어요
처음이다 (初めてである)				
모르다 (わからない)		모르세요		
빠르다 (速い)				

尹東柱

☀ 韓国語の詩や詩人について調べ，書いてみよう.

→ 『韓国語教育論講座 第4巻』（くろしお出版，2008）などを手がかりに
調べよう.

2 次の（　）の中に「좋아하다」と「좋다」のうち適切なものを選び，（　）内の指示に従って適切な形に変えて，入れよう．

① 저는 한국 드라마를(　　　　　　　)．　　　　　　　　　　　(해요체로)

② 어떤 영화가(　　　　　　)?　　　　　　　　　　　(尊敬形の해요체で)

③ 한국 음식 중에서 뭐가 제일(　　　　　　　)?　　　　　(尊敬形の합니다体で)

④ 저는 한국 배우 중에서는 이영애 씨를(　　　　　　　)．　(합니다体で)

⑤ 이게(　　　　　　)?　　　　　　　　　　　　　(해요체で)

3 次の各文を訳し，2人で組になって対話しよう．

① マキさんは，どんな本がお好きですか．
　　—— 本ですか．わたくしは小説（＝小説本＝소설책）が好きです．

② ソグさんは日本語がお上手ですね(-를 /-을 잘하다)．どのくらい(얼마나) 勉強されたんですか．
　　—— 3 年(년) ほど(정도) 勉強しました．

③ ミナさん，この歌ご存知ですか．　　—— よく知らないんですけど．
　　—— あ，ご存知ありませんか?(尊敬形で) この歌，有名じゃないですか．(유명하다(有名だ) を用いる)

④ マキさん，このミュージカル(뮤지컬) 知ってますか?　　—— いいえ，知りません．

会話の日本語訳（11 課〜17 課）

11

[キャンパスで]
① ソグ：ミナさん，明日，午後に時間ありますか．
② ミナ：ええ，ありますよ．で，何でですか？
③ ソグ：今週の金曜日がマキさんの誕生日なんです．
④ ミナ：あ，ほんと，そうだ．
⑤ 　　　ソグさん，誕生日のプレゼント一緒に買いましょう．
⑥ ソグ：ええ，私もそれで… あの，じゃ，明日の午後いいでしょう？
⑦ ミナ：はい，いいですよ．明日一緒に行きましょうよ．
⑧ 　　　午後は授業がないんですよ．
⑨ ソグ：では，2 時に学校の前で会いましょうか．
⑩ ミナ：はい，では，明日会いましょう．

12

[メール]
① 金俊浩先生へ
② こんにちは．
③ 木曜 3 限の韓国語の授業の服部マキです．
④ 実は，具合が悪くて，今病院にいます．
⑤ 今日の授業に出られず，本当に申し訳ございません．
⑥ さようなら．
⑦ 追伸：先生の授業は毎週とても面白いです．
⑧ 　　　本当にとても勉強になります．
⑨ 　　　最近は韓国のインターネットまで見ています．
⑩ 　　　これからも一生懸命勉強します．
⑪ 服部マキ

13

　　　（トントン．ノック）
　　　（研究室に入って）
① ミナ　　：先生，すみませんが，ひょっとして今お時間おありでしょうか．
② 金先生：ええ，かまいませんよ．
③ ミナ　　：あの，来週の留学生のパーティーに先生も行かれますか．
④ 金先生：ええ，行きますけど．
⑤ ミナ　　：で，そこに行けば，日本の学生たちもたくさん来ますか．
⑥ 　　　　　留学生しかいないと，ちょっと何だなと思ったもんですから．
⑦ 金先生：朴先生と李先生もいらっしゃいますよ．
⑧ 　　　　　それに，いろんな国の留学生たちに会えば，それも楽しいでしょう．
⑨ ミナ　　：ええ，分かりました．ありがとうございます．
⑩ 金先生：では，そのとき会いましょう．

14

［教室で］

① ソグ：マキさん，週末は何なさいますか.

② マキ：私ですか. そうですね. 週末は何もしませんね.

③ 　　　あ，勉強しますよ. 韓国語の勉強をします.

④ ソグ：そうですか. じゃ，私と一緒に勉強しましょう.

⑤ 　　　いかがですか.

⑥ マキ：ええ，いいですよ. で，どこでしましょうか.

⑦ ソグ：一緒に海辺に行きましょうよ.

⑧ 　　　そして，カフェで夕食でも食べましょうか.

⑨ マキ：えっ？ 海辺を見物して，食事して.

⑩ 　　　それのどこが勉強なんですか.

⑪ ソグ：いや，海を見ながら，韓国語で語り合いましょう.

⑫ 　　　ご飯も食べて，韓国語で話もして.

⑬ 　　　これがまさに生活の中の韓国語の勉強ですよ.

15

［大学の食堂で］

① ミナ：ソグさん，週末，韓国語の勉強どうでしたか.

② ソグ：えっ？ 韓国語の勉強ですか.

③ ミナ：ええ，誰かさんと海辺へお行きになったでしょう？

④ 　　　韓国語の勉強たくさんなさったでしょ？

⑤ ソグ：いや，だけど，それを何で.

⑥ ミナ：何だって私には消息通がいるんですよ.

⑦ ソグ：あ，いや，何，ただ勉強ちょっとしたんですよ.

⑧ ミナ：で，面白かったでしょうか.

⑨ ソグ：はい，とても面白かったですよ.

⑩ 　　　景色が最高でした. 本当にすばらしかったです.

⑪ 　　　日本の海辺は私も初めてだったもんですから.

⑫ ミナ：ところで… 景色がよかったんですか. マキさんが良かったんですか.

⑬ ソグ：ひぇっ….

16

［研究室で］

① 金先生：マキさん，この本ご存知ですか.

② マキ　：はい，知っています. この間読みました.

③ 金先生：え？ いや，こんな韓国語の本をもう全部読んだのですか.

④ マキ　：実は，翻訳で読んだんですよ.

⑤ 金先生：翻訳でですか.

⑥ 　　　　じゃ，この本は知ってますか.（他の本を指差して）

⑦ マキ　：あ，それはタイトルは知ってますけど，まだ読んでいません.

⑧ 　　　　『世宗大王』の10巻本，韓国の歴史の本でしょう？

⑨ 　　　　先生は，全部お読みになられたんですか.

⑩ 金先生：もちろんです. 全部読みました.

⑪ マキ　：わあー.

⑫ 金先生：実は… これは漫画なんです.

⑬ マキ　：漫画ですか.

17

[詩に関して話している]

① マキ：　ミナさんは，どんな本がお好きでらっしゃいますか．

② ミナ：　本ですか．私は詩が好きです．

③ 　　　　韓国の詩は，本当に好きです．

④ ソグ：　詩… いいですね．

⑤ ミナ：　え，ソグさんも詩がお好きでらっしゃるんですか．

⑥ 　　　　いつも本はあまりお読みにならないじゃないですか．

⑦ ソグ：　うっ，マキさんの前でそんなことを…

⑧ 　　　　例えば，あの，うーむ，あ，「序詩」が有名じゃないですか．

⑨ ミナ：　「序詩」って誰の詩なんですか．

⑩ ソグ：　それは，あ…，あの…，何だっけ？

⑪ マキ：　「序詩」って尹東柱の詩じゃないんですか．

⑫ ミナ：　ちょっと，ソグさん．マキさんがとてもよくご存知ですね．

⑬ ソグ：　いや，私は漫画はよく知ってるんですが，実は… 文学はよく知らないんですよ．

発音の変化のまとめ

文字の上でのハングルの表記と，実際の発音が異なることがある．それら発音の変化は単語欄でも扱われているが，ここで整理しておこう．以下，太ゴシック体の小見出しでは，"Cという環境 (条件) で，Aという音がBという音に替わる"とき，"[Cという環境で]，Aは → Bとなる"，のように表しておく．

1 有声音化
平音ㅂ，ㄷ，ㅈ，ㄱは，[語中の有声音の間で] →有声音化する：澄んだ音も語中で濁る

平音ㅂ，ㄷ，ㅈ，ㄱは単語の頭，即ち語頭では日本語の清音のように澄んだ音 (無声音) [p][t][tʃ][k] だが，単語の中で有声音 (母音，鼻音，流音) に挟まれると，日本語の濁音のように濁った音 (有声音) [b][d][dʒ][g] になる．これを**有声音化**という．この無声音の平音と有声音の平音は，日本語母語話者にとっては別の音として認識されるが，韓国語母語話者にとっては同じ音として意識されており，区別がない．ゆえに同じ字母が用いられているわけである．また，韓国語では有声の子音[b][d][dʒ][g] が語頭に来ることはない：

부부 [pubu]　〈夫婦〉夫婦　　　도달 [todal]　〈到達〉到達

자기 [tʃagi]　〈自己〉自分　　　기자 [kidʒa]　〈記者〉記者

그거 [kɯgɔ]　それ

平音のㅅ [s][ʃ] は語頭でも語中でも濁ることはない：

사실 [saʃil]　〈事實〉事実　　　기사 [kisa]　〈記事〉記事

2単語以上にまたがっても，つけて発音されれば，この現象が同様に起きる：

안녕히 가세요 [annjɔŋigasejɔ]　〈安寧–〉さようなら

なお，韓国語では，母音や子音のうち，鼻音，流音も**有声音**であり，子音のうち，[p][t][tʃ][k] で実現する平音と，濃音，激音が，**無声音**に属する．

2 濃音化
2-1 〈つまる音 [ᵖ][ᵗ][ᵏ] ＋ 平音〉→〈つまる音 [ᵖ][ᵗ][ᵏ] ＋ 濃音〉
[口音の終声 [ᵖ][ᵗ][ᵏ] の直後で]，平音 ㅂ，ㄷ，ㅅ，ㅈ，ㄱ は，→ 濃音化する

つまる音，つまり口音の終声 [ᵖ] (文字の上では ㅂ，ㅍ，ㄼ，ㄿ，ㅄ)；[ᵗ] (文字の上ではㄷ，ㅌ，ㅅ，ㅆ，ㅈ，ㅊ，ㅎ)；[ᵏ] (文字の上ではㄱ，ㅋ，ㄲ，ㄳ，ㄺ) の直後では，平音ㅂ，ㄷ，ㅅ，ㅈ，ㄱは濁らず，濃音で

発音される：

육백 [육빽　juk²pɛk]　〈六百〉六百

꽃다발 [꼳따발　²kotʔtabal]　花束

학생 [학쌩　hakʔsɛŋ]　〈學生〉学生

잡지 [잡찌　tʃapʔtʃi]　〈雜誌〉雜誌

학교 [학꾜　hakʔkjo]　〈學校〉学校

2単語以上にまたがっても，つけて発音されれば，この現象が同様に起きる：

한국 분 [한국뿐　hangukʔpun]　〈韓國−〉韓国の方

2-2 子音語幹の用言における語尾の平音の濃音化

[子音語幹の用言において]，語尾の頭の平音 ㄷ，ㅅ，ㅈ，ㄱ は，→ 濃音化する

　　子音語幹の用言の語幹に，平音で始まる語尾がつくとき，その平音は濃音で発音される．この子音語幹の最後の子音は，[ᵖ][ᵗ][ᵏ]のみならず，ㅁ [m]や ㄴ [n]であっても同様である：

남다 [남따　namʔta]　残る

남지요 [남찌요　namʔtʃijo]　残るでしょう？

신게 [신께　ʃinʔke]　履くように

신고 [신꼬　ʃinʔko]　履いて

먹습니다 [먹씀니다　mɔkʔsumnida]　食べます

　　子音語幹のうち語幹末の終声字母が ㅎ，ㅄ，ㅀ で書かれる用言は，濃音化ではなく，激音化を起こす：

좋다 [조타　tʃotʰa]　良い

좋지요 [조치요　tʃotʃʰijo]　良い

　　また，**ㄹ語幹の用言**では濃音化は起こらない：

알다 [알다　alda]　知る．わかる

알고 [알고　algo]　知る．わかる

　　次の2つを比べてみよう．ㄹ語幹では濃音化は起こらず，子音語幹では濃音化が起こっている：

안다 [안다　anda]　知っている．わかっている
　　　　[ㄹ語幹のㄹが脱落した語幹아-] + [鼻音で始まる語尾-ㄴ다]

안다 [안따　anʔta]　抱く
　　　　[子音語幹안-] + [平音で始まる語尾-다]

2-3 漢字語におけるㄹ(リウル)の直後の平音の濃音化

[漢字語においては]，平音 ㄷ，ㅈ，ㅅ は，→ [ㄹの後ろで] 濃音化する

　　漢字語において，歯の位置で発音される平音である ㄷ [t]，ㅈ [tʃ]，ㅅ [s] [ʃ] は，ㄹの後ろでは有声音化せず，濃音化する．この濃音化は文字の上には現れない：

발달 [palʔta]　〈發達〉発達

발전 [palʔtʃɔn]　〈發展〉発展

발사 [palʔsa] 〈發射〉発射

漢字語でも平音 ㅂ, ㄱ は, 濃音化せず, 有声音化する:

일본 [ilbon] 日本　　　　출구 [tʃʰulgu] 〈出口〉出口

固有語ではㄹの後ろでも, 濃音化しないのが原則である:

멀다 [mɔlda] 遠い　　　　알죠 [aldʒo] 知ってますよ

2-4 ㄹ 連体形の直後の平音の濃音化
リウル

[Ⅱ-ㄹ連体形の直後で], 平音 ㅂ, ㄷ, ㅅ, ㅈ, ㄱ は, → 濃音化する

用言の連体形の1つである予期連体形Ⅱ-ㄹの直後では, 平音ㅂ, ㄷ, ㅅ, ㅈ, ㄱは濁らず, 濃音で発音される. この濃音化も文字の上では変化はない:

갈 데 [갈떼 kalʔte]　行く (べき) ところ

할 사람 [할싸람 halʔsaram]　する (であろう) 人

먹을 거 [머글꺼 mɔgɯlʔkɔ]　食べる (べき) もの

할 거예요 [할꺼에요 halʔkɔejo]～[할꺼에여 halʔkɔejʌ]　するでしょう

2-5 漢字語における例外的な濃音化

[特定の漢字において], 有声音の直後の平音が → 濃音化するものがある

漢字語において例外的に, 母音や平音, 鼻音など有声音の直後でも濃音化するものがある. これらは概ねごく限られた漢字に現れるもので, 次のようなものが代表的な例である. 文字の上では変化はなく, 発音のみが変わる:

평가 〈評價〉 [평까] 評価　　　물가 〈物價〉 [물까] 物価

내과 〈內科〉 [내꽈] 内科　　　안과 〈眼科〉 [안꽈] 眼科

치과 〈齒科〉 [치꽈] 歯科　　　일어과 〈日語科〉 [이러꽈] 日本語科

성과 〈成果〉 [성꽈] 成果　　　사건 〈事件〉 [사껀] 事件

인권 〈人權〉 [인꿘] 人権　　　인기 〈人氣〉 [인끼] 人気

문법 〈文法〉 [문뻡] 文法　　　헌법 〈憲法〉 [헌뻡] 憲法

만점 〈滿點〉 [만쩜] 満点　　　이점 〈利點〉 [이쩜] 利点

상장 〈賞狀〉 [상짱] 賞状　　　문자 〈文字〉 [문짜] 文字

한자 〈漢字〉 [한짜] 漢字

＊教科書〈教科書〉「教科書」はアナウンサーがニュース等で使用する〈標準語〉では [教과서 kjoːgwasɔ] と発音されるが, 日常のソウルことばでは [교꽈서 kjoʔkwasɔ] と発音される. 「과 선배」
「学科の先輩」なども同様で, 日常的には [꽈선배] のごとく, 普通は濃音化する.

＊물건〈物件〉は「品物. 物」の意では [물건 mulgɔn] と発音され, 不動産などの「物件」の意では
[물껀 mulʔkɔn] と発音される.

2-6 合成語における濃音化

[2つの単語が結合して合成語を作る場合に], 2つのうち後ろの単語の頭音の平音が → 濃音化するものがある

固有語바다「海」と固有語가「へり. 縁」が結合し「海辺」という単語を作るが, この際に[바다까] のごとく, 後ろの単語の頭の平音は濃音化する. どのような組み合わせで濃音化するかは, 結合する単語ごとに決まっている. この時, 前の単語が母音で終わる場合には, 바닷가のごとく, 사이시옷 [saisioᵗ サイシオッ] と呼ばれる入を終声字母の位置に書く. 子音で終わる単語にこの사이시옷は書かない. この濃音化は, 後ろの要素が固有語であれば, 前の要素が固有語でなくとも起こることがある:

바다 ＋ 가 ⇨ 바닷가 [바다까 padaʔka]
海 ＋ へり 海辺

비빔 ＋ 밥 ⇨ 비빔밥 [비빔빱 pibimʔpaᵖ]
混ぜること ＋ ご飯 ピビンパ

＊合成語におけるこの濃音化には, 上の例のように必ず濃音化するものがある一方で, 일본사람〈日本-〉などのように, [일본싸람 ilbonʔsaram] と濃音化したり, [일본사람 ilbonsaram] のように濃音化されなかったりと, 人によって発音が異なる例も存在する.

172

3 鼻音化（びおんか）

3-1 〈口音 [ᵖ][ᵗ][ᵏ] ＋ 鼻音〉→〈鼻音 [m][n][ŋ] ＋ 鼻音〉

[鼻音の直前で]，口音の終声 [ᵖ][ᵗ][ᵏ] は，→ 鼻音化し [m][n][ŋ] となる

つまる音，つまり口音の終声 [ᵖ]（文字の上では ㅂ, ㅍ, ㄼ, ㄿ, ㅄ）；[ᵗ]（文字の上ではㄷ, ㅌ, ㅅ, ㅆ, ㅈ, ㅊ, ㅎ）；[ᵏ]（文字の上ではㄱ, ㅋ, ㄲ, ㄳ, ㄺ）は，直後に鼻音 [m], [n] が来ると，必ず鼻音化し，それぞれ [m], [n], [ŋ] となる．これは口音が同じ位置で発音する鼻音に変化するもので，**口音の鼻音化**と呼ぶ．[ᵖ]と[m], [ᵗ]と[n], [ᵏ]と[ŋ] はそれぞれ唇や舌は同じ位置，同じ形で発音していることを確認しよう．唇や舌は同じ形で，のどひこを下げて鼻に息を抜くと，口音が鼻音になるわけである．口音の鼻音化は音のレベルのみで起こり，文字の上では変化はない：

口音＋鼻音 [m]

[ᵖ] ＋ [m] ⇨ [m] ＋ [m]　입문 [임문 immun] 入門
[ᵗ] ＋ [m] ⇨ [n] ＋ [m]　이것만 [이건만 igɔnman] これだけ
[ᵏ] ＋ [m] ⇨ [ŋ] ＋ [m]　한국말 [한궁말 haŋguŋmal] 韓国語

口音＋鼻音 [n]

[ᵖ] ＋ [n] ⇨ [m] ＋ [n]　앞날 [암날 amnal] 将来
[ᵗ] ＋ [n] ⇨ [n] ＋ [n]　옛날 [옌날 jennal] 昔
[ᵏ] ＋ [n] ⇨ [ŋ] ＋ [n]　학년 [항년 haŋnjɔn] 学年

3-2 初声 ㄹ[r] の鼻音[n]化

[鼻音の終声 ㅁ[m], ㅇ[ŋ] の直後で]，初声の流音ㄹ[r] は，→ 鼻音[n]となる

鼻音の終声ㅁ[m], ㅇ[ŋ] の直後で，初声の流音ㄹ[r] は，鼻音の[n] に変化する．これを**流音の鼻音化**と呼ぶ．発音上でのみ起こり，文字には現れない：

심리 [심니 simni] 心理　　종로 [종노 tʃoŋno] 鍾路：ソウルの地名

[口音の終声 [ᵖ][ᵗ][ᵏ] の直後で]，初声の流音ㄹ[r] は，→ 鼻音[n]となり → 口音の終声 [ᵖ][ᵗ][ᵏ] も → 鼻音化する

口音のㅂ, ㅍ, ㄼ, ㄿ, ㅄ [p]；ㄷ, ㅌ, ㅈ, ㅊ, ㅆ, ㅅ, ㅎ [t]；ㄱ, ㅋ, ㄲ, ㄳ, ㄺ [k] の直後では，初声のㄹ [r] は，鼻音の[n] に変化する．さらにこの鼻音の[n] は，3-1の現象により口音の終声を鼻音化させる：

[ᵖ] ＋ [r]　　[p] ＋ [n]　　[m] ＋ [n]
입력 ⇨ [입녁] ⇨ [임녁 imnjɔᵏ] 入力

[ᵗ] + [r]	[t] + [n]	[m] + [n]
몇 리 ➡	[멷니] ➡	[면니 mjɔnni] 何里

[ᵏ] + [r]	[k] + [n]	[m] + [n]
독립 ➡	[독닙] ➡	[동닙 toŋniᵖ] 独立

4 ㄴ[n] の ㄹ[l] 化 ＝ 流音化（りゅうおんか）

4-1 〈 ㄹ[l] ＋ ㄴ[n] 〉〈 ㄴ[n] ＋ ㄹ[r] 〉→〈流音[ll]〉

ㄴ[n] と ㄹ[r あるいは l] は，[互いに接すると]，→ 流音化し [ll] となる

ㄴ[n] と ㄹ[r,l] が隣り合うと，ㄴ[n] は [ㄹ l] に変化し，[ㄹㄹ ll] と発音される．これを**流音化**という．文字には現れない．[ll] の発音は，[l] を発音した後に一度舌を口の天井から離してからまた [l] を発音するのではなく，[l] の形で舌を天井につけたまま音を長く持続させるだけである．つまり音としては [l] の長子母 [l:] である：

終声の ㄴ [n] ＋ 初声の ㄹ [r] ➡ [ll]

신라 [실라 ʃilla] 新羅

終声の ㄹ [l] ＋ 初声の ㄴ [n] ➡ [ll]

실내 [실래 ʃillɛ] 室内

4-2 ㄹ[r] で始まる漢字語の接尾辞は流音化せず，鼻音化する

ただし，4-1の場合に，終声の ㄴ[n] に ㄹ[r] で始まる漢字語の接尾辞が結合する際には，[ll] とならず，[nn] で発音される：

정신력 [정신녁 tʃɔnʃinnjɔᵏ] 精神力　　의견란 [의견난 ɰigjɔnnan] 意見欄

なお，単語によっては，また人によっては，この際にも，[nn] ではなく，[ll] と発音されることがある．標準発音は [nn] の方である：

음운론 [음운논 ɯmunnon ～ 음울론 ɯmullon] 音韻論

5 終声の初声化

5-1 〈終声 ＋ 次の音節の母音〉→〈次の音節の初声＋母音〉

終声は，[次の音節が母音で始まると]，→ 次の音節の初声となる

終声は直後に母音が来ると，その母音の音節の初声として発音される．これを**終声の初声化**と呼ぶ．

終声の初声化が起きる際に，平音の終声は [p] → [b] のような有声音化も起こす：

終声の初声化は次のような**音節構造の変容**である：

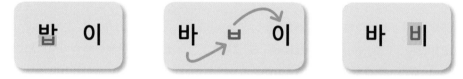

この終声の初声化は，どこまでも**発音上の変化**で，文字の上には現れない．これを文字上に表すと，次のような変化が起こっていることになる：

밥이　　바ㅂ이　　바비

집은 [지븐 tɕibɯn]　家は　　　　　받아 [바다 pada]　受け取り

옷이 [오시 oʃi]　服が　　　　　　　낮에 [나제 nadʑe]　昼に

인터넷이 [인터네시 intʰoneʃi]　インターネットが

꽃이 [꼬치 ʔkotʃʰi]　花が

있어요 [이쏘여 iʔsɔʲjo]～[이쏘요 iʔsɔjo]　あります

한국어 [한구거 hangugo]　韓国語　　　돈은 [도는 tonɯn]　お金は

밤에 [바메 pame]　夜に　　　　　　　방이 [방이 paŋi]　部屋が

＊ㅇ[ŋ] は語頭の初声には立ち得ないが，방이[paŋi] などのように，語中の初声には現れうる．

＊방이 などに現れる**初声化した** ㅇ[ŋ] は，鼻にかかった，日本語で言ういわゆる「ガ行鼻濁音」の「ガ, ギ, グ, ゲ, ゴ」に概ね相当する．[방이 paŋi パんイ, パキ゚] であって，[바기 pagi パギ] ではないことに注意．

終声 ㄹ [l] は初声化すると [r] で発音される：

말 [말 mal]　ことば　　　⇨　　말이 [마리 mari]　ことばが

5-2 〈終声字母 ㄷ,ㅌ＋母音ㅣ〉→〈[dʑi] [tɕʰi]〉

ㄷで書かれる終声は，[次に母音ㅣ[i] が来ると]，→ 初声化し [지 dʑi] となる

ㅌで書かれる終声は，[次に母音ㅣ[i] が来ると]，→ 初声化し [치 tɕʰi] となる

　굳이 (強いて) は [구디 kudi クディ] ではなく，[구지 kudʑi クジ] と発音される. このように，ㄷで書かれる終声は，次に母音ㅣ[i] が来ると，初声化しつつ ㅣ[i] と結合し，[dʑi] と発音される. また，같이 (一緒に) は [가티 katʰi カティ] ではなく，[가치 katɕʰi カチ] と発音される. ㅌで書かれる終声は，次に母音ㅣ[i] が来ると，初声化しつつ ㅣ[i] と結合し，[tɕʰi] と発音されるわけである. この現象を口蓋音化と呼ぶ. 口蓋音化の現れる単語は極めて限られている:

　굳이 [구지 kudʑi クジ] 強いて　　　같이 [가치 katɕʰi カチ] 一緒に

5-3 2単語にまたがる終声の初声化

[単語の資格を持つ自立的な要素が結合する際に]，非自立的な要素の結合と異なる初声化が起こるものがある

　1つの単語内部や，単語と助詞の結合などだけでなく，2つの単語が一息で発音されたり，2つの単語が結合して合成語を作る場合にも，終声の初声化は起こる. このとき，1単語内部や助詞の結合の際に起こる終声の初声化とは，異なった音で初声化するものがある:

単語単独では

맛 [맏 matˈ マッ] 味

➡ **後ろに助詞や指定詞など，非自立的な要素が来ると**

맛이 [마시 maʃi マシ] 味が　＊助詞-이との結合

맛입니다 [마심니다 maʃimnida マシムニダ] 味です　＊指定詞-입니다との結合

➡ **後ろに独立した単語など，自立的な要素が来ると**

맛없어요 [마덥써여〜마덥써요 madɔpˈsˀɔjɔ 〜 madɔpˈsˀɔjo マドプソヨ]

　　　　　　　　　　　　おいしくありません　＊存在詞없어요との結合

잎 [입] 葉

➡ 잎이 [이피] 葉が　　　➡ 잎 위 [이뷔] 葉の上

못 [몯] 釘

➡ 못이 [모시] 釘が　　　➡ 못 아래 [모다래] 釘の下

못 [몯] …できない（不可能を表す副詞）

➡ "못"이 [모시]　（副詞の）"못"が　＊助詞-이との結合

➡ 못 옵니다 [모돔니다]　来られません　＊動詞옵니다との結合

➡ 못 와요 [모돠여～모돠요]　来られません　＊動詞와요との結合

➡ 못 알아들어요 [모다라드러여～모다라드러요]

　　　　　　　　　　　　聞き取れません　＊動詞알아들어요との結合

　ことばは常に音がまずあって，それを文字にどう表すかが人為的に決められる．例えば英語では，現在の英語で皆が [nait] と発音している単語を，今は knight（騎士）と night（夜）とに書き分けることによって，文字の上で視覚的に意味を区別している．

　ハングルでは，「잎」と書いているものを [입] と発音するのではない．実は逆で，単独では [입] と発音する単語のうち，後ろに助詞など非自立的な要素が来ると　[이피] [ip^{h}i] のごとく，音が交替して発音上で　[ㅍ]　が現れる単語を，「잎」と書いているのである．後ろに非自立的な要素が来ても，[이비] [ibi] と発音される単語は，「입」と書くことにしている．単独の単語では発音は同じでも，こうした表記によって文字の上で視覚的に，「잎」（葉）と「입」（口）という2つの単語を区別しうるわけである．

　このように，終声の初声化を起こして，その終声が他の音に交替するものは，交替した音を表す終声字母を用いて，最初から終声字母の位置に書くことにしている．ハングルの面白い工夫である．

6　ㅎ による激音化 （ヒウッ）（げきおんか）

6-1　〈つまる音 [ᵖ][ᵗ][ᵏ] ＋ ㅎ[h]〉→〈激音 [pʰ][tʰ][kʰ]〉

口音の終声 [ᵖ][ᵗ][ᵏ] は，[直後に ㅎ[h] が来ると]，→ 初声化し，激音化する（こうおん）

　つまる音，つまり口音の終声 [ᵖ]（文字の上では ㅂ, ㅍ, ㄼ, ㄿ, ㅄ）；[ᵗ]（文字の上では ㄷ, ㅌ, ㅅ, ㅆ, ㅈ, ㅊ, ㅎ）；[ᵏ]（文字の上では ㄱ, ㅋ, ㄲ, ㄳ, ㄹㄱ）は，直後に ㅎ [h] が来ると，それぞれ対応する激音 [pʰ], [tʰ], [kʰ] で発音される．また，速い発音では口音の終声は脱落する．これらは発音上だけの変化で，文字表記には現れない：

[ᵖ] ＋ ㅎ [h]		[ᵖ] ＋ [pʰ]		（速い発音で）[pʰ]
급행	➡	[급팽]	➡	[그팽 kɯpʰɛŋ] 急行

[ᵗ] ＋ ㅎ [h]		[ᵗ] ＋ [tʰ]		（速い発音で）[tʰ]
못하다	➡	[몯타다]	➡	[모타다 motʰada] できない

[ᵏ] ＋ ㅎ [h]		[ᵏ] ＋ [kʰ]		（速い発音で）[kʰ]
역할	➡	[역칼]	➡	[여칼 jɔkʰal] 役割

6-2 〈終声字母 ㅎ['] + 平音〉→〈激音〉

[ㅎ['] で書かれる終声字母の次に来る] 平音 ㄷ[t], ㄱ[k], ㅈ[tʃ] は, → 激音化する

終声字母 ㅎ['] で書かれる音節の直後に来る平音の ㄷ[t], ㄱ[k], ㅈ[tʃ] は, それぞれ全て激音に変わる. 速い発音では ['] も脱落する:

ㅎ['] + ㄷ[t]	['] + [tʰ]	(速い発音で) [tʰ]
좋다 ➡	[졷타] ➡	[조타 tʃotʰa] 良い

ㅎ['] + ㄱ[k]	['] + [kʰ]	(速い発音で) [kʰ]
좋게 ➡	[졷케] ➡	[조케 tʃokʰe] 良く

ㅎ['] + ㅈ[tʃ]	['] + [tʃʰi]	(速い発音で) [tʃʰ]
좋지 ➡	[졷치] ➡	[조치 tʃotʃʰi] いいよ

終声字母 ㅎ['] で書かれる音節の直後に来る平音の ㅅ[s] は**濃音化**し, [ʔs] で発音される:

ㅎ['] + ㅅ[s]	[ʔs]
좋습니다 ➡	[조씀니다 tʃoʔsumnida] 良いです

終声字母 ㅎ['] で書かれる音節の直後に母音が来る場合は, ㅎは全く発音されない:

ㅎ + 母音	[ゼロ] + 母音
좋아요 ➡	[조아여～조아요 tʃoajɔ ～ tʃoajo] 良いです

ここでも音が先にあって, こうした表記となっている. つまり順序としては, 終声字母「ㅎ」を [ㄷ] と発音するというわけではなく, 逆に, 終声を [ㄷ] と発音する音節のうち, 次に平音が来ると, その平音が激音化される場合に, 終声 [ㄷ] を終声字母「ㅎ」で書くことにしているのである. 要するに終声字母「ㅎ」は, 〈**発音の上で激音化を引き起こす終声 [ㄷ]**〉を示しているということになる.

また, 終声字母「ㅎ」の後ろに母音が現れると,「**좋아요**」[조아여～조아요] のごとく, [조] の音節に終声は現れないし, 次の音節[아]にも初声は現れない. 終声字母「ㅎ」の後ろに平音が結合するときも, 結局激音化して終声は現れないのだから, 終声 [ㄷ] はもともとないのだと考えることも理論的には可能である. その場合は, 終声字母「ㅎ」は単なる激音化のマーカーということになる.

6-3 〈終声字母 ㄶ[n], ㅀ[l] + 平音〉→〈[n], [l] + 激音〉

[ㄶ[n], ㅀ[l] で書かれる終声字母の次に来る] 平音 ㄷ[t], ㄱ[k], ㅈ[tʃ] は, → 激音化する

옳다 [올타 oltʰa]　正しい　　　　　싫고 [실코 ʃilkʰo]　嫌いで

많지 [만치 mantʃʰi]　多いさ

cf. 많아 [마나 mana]　多いよ

cf. 많습니다 [만씀니다 manʔsɯmnida]　多いです

　この場合の終声字母「ㅎ」自体は，何らかの終声を表記しているわけではなく，完全に単なる**激音化**
のマーカーとして表記されているものである．この場合の終声字母「ㅎ」の次に母音が来ると，「**많아**」
[**마나**]のごとく，[h]の音は全く現れない．つまり[ㅎ]の音が弱化したりしているのではなく，[ㅎ]の
音はもとから存在しないわけである．「**많습니다**」[**만씀니다**]のように，終声字母「ㅎ」の次に[ㅅ]が来
ると，濃音化して[ㅆ]で発音される．

7 ㅎ [h] の弱化 <ruby>ヒウッ</ruby>

7-1 〈有声音に<ruby>挟<rt>はさ</rt></ruby>まれた ㅎ[h]〉→〈有声の [ɦ]〉→脱落

ㅎ[h] は，[有声音に挟まれると]，→ 有声音の [ɦ] になったり，脱落したりする

　사회 [sa(h)we] (社会) や**전화** [tʃɔn(h)wa] (電話) のように，母音，鼻音ㅁ，ㄴ，流音ㄹといった有声音
の間に挟まれた**ㅎ** [h] は，声帯が震え，声がついている [h]，つまり有声の [h] である [ɦ] となったり，さ
らには脱落したりする．こうした[h]を本書では (h) のように( )に入れて表記する：

本書の発音表記

사회	⇒	[saɦwe]	⇒	[sawe 사외] 社会	[sa(h)we]
전화	⇒	[tʃɔnɦwa]	⇒	[tʃɔnwa 저놔] 電話	[tʃɔn(h)wa]
말해	⇒	[malɦɛ]	⇒	[mareɛ 마래] 言え	[mar(h)ɛ]

　なお，**좋아요** [조아요] ～ [조아여] (良いです) や**싫어요** [시러요] ～ [시러여] (嫌いです) のよう
に，終声字母に書かれる「ㅎ」の次に母音が来る場合には，ㅎは弱化して脱落するのではなく，もともと全
く発音されない．こうした場合の「ㅎ」は**激音化のマーカー**として表記されているものである．上記，6-2，
6-3参照．

8 [n] の挿入

8-1 〈終声子音 + [i][j]〉→〈終声子音 + [n] + [i][j]〉

　[2つの形態素が結合するとき]，[終声子音+ [i] か [j] であれば]，→ 間に [n] が挿入されること
がある

　일본+요리 (日本+料理) は，〈終声の初声化〉(→ 5-1 ～ 5-3) を起こして [**일보뇨리**] と発音される

179

のではなく，〈終声の初声化〉を起こさず, 常に [**일본뇨리**] と発音される. このように, 2つの形態素 (＝
意味を実現しうる最小の音の単位. 単語や助詞, 語尾など) が結合する際に, 前の要素が子音で終わり,
後ろの要素が [i] や [j] で始まるとき, [i] や [j] の直前に [n] が挿入されることがある. これを [n] の挿
入と言う.

　こうした条件であれば, 常に [n] の挿入が起きる組み合わせがあり, 常に[n]の挿入が起きない組み合
わせがあり, また, [n] の挿入が起きたり起きなかったりする組み合わせがある. つまり, 結合する2つの単
語の組み合わせによって, [n] の挿入が起きるかどうかが決まる. [n] の挿入が起きない場合は, 全て終声
の初声化が起きる. 韓国語においては〈終声の初声化〉は発音上の強力な原則であるが, 〈[n] の挿入〉
はこれを避けうるほぼ唯一の現象である：

일본 ＋ 요리　　➡　　일본요리 [일본뇨리 ilbonnjori]　日本料理

무슨 ＋ 요일　　➡　　무슨 요일 [무슨뇨일 musɯnnjoil]　何曜日

어떤 ＋ 일　　➡　　어떤 일 [어떤닐 ʔtʌnnil]　どんなこと

그럼 ＋ 요

　➡　그럼요 [그럼녀～그럼뇨 kɯrʌmnjʌ ～ kɯrʌmnjo]　もちろんですよ

＊-요は丁寧化のマーカー-요/-이요

노래는 歌は ＋ -요　丁寧化のマーカー

　➡　노래는요? [노래는녀～노래는뇨 norɛnɯnnjʌ ～ norɛnɯnnjo]　歌は？

＊-요は丁寧化のマーカー-요/-이요

8-2　〈口音の終声 [ᵖ][ᵗ][ᵏ] ＋ [i][j]〉→〈鼻音の終声 ＋ [n] ＋ [i][j]〉

[2つの形態素が結合する際に], [口音の終声 [ᵖ][ᵗ][ᵏ] ＋ [i][j] であれば] → [n] が挿入されると
→ 鼻音の終声 [m][n][ŋ] ＋ [n] ＋ [i][j]

　8-1によって挿入された[n]の, 直前にある口音の終声 [ᵖ][ᵗ][ᵏ] は, 〈口音の鼻音化〉(→ 3-1) によっ
てさらに鼻音化する. つまり〈口音の終声 [ᵖ][ᵗ][ᵏ]＋[i][j]〉に [n] が挿入されると, 〈鼻音の終声 [m]
[n][ŋ] ＋ [n]＋ [i][j]〉となるわけである：

십 十 ＋ 육 六　　[십＋육 ʃiᵖ ＋ juᵏ]

　▶▶ 십육　　[십뉵 ʃiᵖnjuᵏ]

　▶▶ 　　[심뉵 ʃimnjuᵏ シムニュク]　十六

꽃 花 ＋ 잎 葉　　[꼳＋입 ʔkot ＋ iᵖ]

　▶▶ 꽃잎　　[꼳닙 ʔkotniᵖ]

　▶▶ 　　[꼰닙 ʔkonniᵖ コンニプ]　花びら

한국 韓国 ＋ 요리 料理　　[한국＋요리 hanguᵏ ＋ jori]

　▶▶ 한국요리　　　　[한국뇨리 hanguᵏnjori]

　▶▶ 　　　　　　　　[한궁뇨리 hanguŋnjori ハングんニョリ]　韓国料理

한국 韓国 ＋ 역사 歴史　　[한국＋역사 hanguᵏ ＋ jɔkˀsa]

　▶▶ 한국역사　　　　[한국녁싸 hanguᵏnjɔkˀsa]

　▶▶ 　　　　　　　　[한궁녁싸 hanguŋnjɔkˀsa ハングんニョクサ]　韓国の歴史

8-3　〈流音の終声 [l] ＋ [i][j]〉→〈流音の終声 [l] ＋ [l] ＋ [i][j]〉

[2つの形態素が結合する際に]，[流音の終声 [l] ＋ [i][j] であるとき]→[n] が挿入されると→流音の終声 [l] ＋ [l] ＋ [i][j]

　8-1によって挿入された [n] は，直前に流音の終声 [l] があると，〈流音化〉(→ 4-1) によってさらに [l] となる．つまり〈流音の終声 [l] ＋[i][j]〉に [n] が挿入されると，〈流音の終声 [l] ＋ [n] ＋[i][j]〉となり，さらに〈流音の終声 [l] ＋ [l] ＋ [i][j]〉となるわけである：

볼 ＋ 일　　　　⇨　　볼일 [볼릴 pollil] 用事

뭘 ＋ −요　　　　⇨　　뭘요 [뭘려〜뭘료 mwɔlljɔ 〜 mwɔlljo]

　　　　　　　何をですか．(いや) なに (何でもありません) ＊−요は丁寧化のマーカー−요/−이요

9　子音のその他の同化や脱落

9-1　半母音の脱落や融合

半母音が，[くだけた発音で]→脱落することがある

　半母音の /w/ や /j/ が，脱落したり後続の母音と融合して単母音化することがある：

놔 [nwa]　　　　　　⇨　　[나 na] 放して！

뭐예요 [mwɔejo]　　　⇨　　[모에여 moejɔ] 何ですか？

9-2　子音の同化，脱落

子音が，[直後の音の影響で]→同化したり，脱落したりすることがある

　1から8までに前述した音の変化以外にも，直後の子音の影響を受けて同化したり，脱落したりすることがある：

못 가요 [moᵗ ˀkajo]　⇨　　[moᵏ ˀkajo]

　　　　　　　　　　　⇨　　[moˀkajo 모까요] 行けません

신문 [ʃinmun]　　　　⇨　　[심문 ʃimmun] 新聞

181

한국 [haŋguᵏ]　　　⇒　　[항국 haŋguᵏ]　韓国

할까요? [halˀkajɔ]　　⇒　　[haᵏˀkajɔ]

　　　　　　　　　　⇒　　[haˀkajɔ]　しましょうか?

9-3 初声の鼻音 /m/, /n/ へのわたり音 /mᵇ/, /nᵈ/ の添加

初声の鼻音 ㅁ/m/, ㄴ/n/ が, [主に語頭で] → ㅁ [mᵇ], ㄴ [nᵈ] と発音されることがある

　鼻音は口蓋垂, いわゆるのどひこを開けて, 肺からの空気を鼻腔に送って作られる音である. 口蓋垂を閉じると, 空気が鼻腔に流れず, 口腔へと送られ, 口音が作られるわけである. 韓国語の子音はㅁ/m/, ㄴ/n/ と終声の ㅇ/ŋ/ のみが鼻音で, 母音は基本的に全て口音である.

　뭐 /mwɔ/ など, 〈鼻音の初声子音＋口音の中声母音〉という音の配列では, 直後の母音が口音なので, 口音へと移行するために, 鼻音 ㅁ/m/, ㄴ/n/ の調音の終わりの段階で, 開いていた口蓋垂を閉じてしまうと, [b], [d]が現れる. 音と音の渡りに現れるので, こうした音を**わたり音**と呼ぶ. つまり鼻音の終えるはずのタイミングと, 口蓋垂の閉じるタイミングがずれることによって, わたり音が現れるわけである.

　ㅁ/m/では, ㅁ/m/と同じ形で発音される口音でかつ有声音である [b] が現れ, ㄴ/n/では, ㄴ/n/ と同じ形で発音される口音でかつ有声音の [d] が現れる. このため, **뭐예요?** (何ですか) が [ボーエヨ] のごとく聞こえたり, **네.** (はい) が [デー] のように聞こえたりする. ソウルことばでもしばしば聞かれる発音である. 主に女性の発話に多い傾向が見られる. 学習者は特に真似する必要はない:

뭐예요 [mwɔejo]　　⇒　　[mᵇwɔejɔ ～ mᵇɔejɔ]　何ですか?

네 [ne]　　　　　　⇒　　[nᵈe]　はい

10 母音の変化

10-1 長母音の短母音化

[現在のソウルことばの多くの話し手の間では], 長母音は, → 短母音として発音される

　ソウルことば, 及びソウルことばを基礎にしている韓国の標準語では, [nun ヌン] と短母音で発音すると「眼」, [nuːn ヌーン] と長母音で発音すると「雪」の意であった. ところが今日のソウルことばの多くの話し手は, いずれも短母音で [nun ヌン] と発音するようになっている. つまり, 母音の長短で単語の意味を区別しなくなっているわけである. これはいずれも눈と書き, もともと表記には反映されないものである.

　若い話し手では, 長母音はほぼ完全に短母音化していると言ってよい.

눈 [nuːn ヌーン]　⇒　[nun ヌン] 雪　　　cf. 눈 [nun ヌン] 眼

말 [maːl マール]　⇒　[mal マル] ことば　cf. 말 [mal マル] 馬

이 [iː イー]　　　⇒　[i イ] (漢字語数詞の) 二　cf. 이 [i イ] 歯

전화 [tɕɔːnɦwa ~ tɕɔːnwa チョーヌァ]

➡ [tɕɔnɦwa ~ tɕɔnwa チョヌァ]　電話　　本書の表記 [tɕɔn(h)wa]

　ソウルことばの話し手の中には, 長母音を維持している話し手が, ごく一部の高齢層には残っている. そうした話し手にあっても, 長母音が残っているのは, 単語の第一音節目の長母音がほとんどで, 第二音節以降に入ると長母音は短母音化するのが普通である:

사람 [saːram サーラム]　人 ➡ 일본사람 [ilbon⁽ʔ⁾saram イルボンサラム]　日本

10-2 狭い ㅔ[e] と広い ㅐ[ɛ] の発音上の区別の消失

[現在のソウルことばのほとんどの話し手の間では], 狭い ㅔ[e] と広い ㅐ[ɛ] の発音上の区別は → なくなっている

　ソウルことばでは, 狭い ㅔ[e] と広い ㅐ[ɛ] の発音上の区別はなくなっている. いずれも若干広い [e], つまり日本語東京方言の [エ] ほどに発音されている. 本書の発音表記では狭い [e] と[ɛ]を書き分けているが, 発音上で区別する必要はない.

게 [ke ケ]　蟹　개 [kɛ ケ]　犬　➡　いずれも [ケ] の母音でよい

10-3 文末における ㅗ [o] の非円唇化・広母音化

[現在のソウルことばのほとんどの話し手の間では], 해요体を作る-요や, 丁寧化のマーカー-요／-이요など文末における円唇の狭い ㅗ[jo] は → 非円唇母音かつ広い母音として発音される

　ソウルことばでは,「안녕하세요?」(こんにちは),「좋아요.」(いいです),「했어요.」(しました) といった해요体を作る-요や,「저기요.」(あの, すみません : 呼びかけ) や「책이요?」(本ですか? : 聞き返し) に見える丁寧化のマーカー-요/-요など, 文末に現れる, 円くすぼませる円唇の狭い母音 ㅗ[jo] は, 円唇性を失い, 非円唇母音かつ広い母音として発音される. 口の開きは ㅓ[jɔ] ほどに広くなることも多い. 舌の位置は ㅓ[jɔ] よりも若干前であることが多い.「제가요, 아까요…」(私がですね, さっきですね…) のように, この発音は文中の文節末でも起こりうる. またI-죠などの形でも起こりうる.

안녕하세요?　　[annjɔŋ(h)asejɔ ~ annjɔŋ(h)asejo]　こんにちは.

여보세요?　　　[jɔbɯsejɔ ~ jɔbosejo]　もしもし.

있어요.　　　　[iʔsɔjɔ ~ isʔsɔjo]　あります.

있죠?　　　　　[i⁽ᵗ⁾ʔtɕɔ ~ iᵗʔtɕo]　あるでしょ?

왜요?　　　　　[wɛjɔ ~ wɛjo]　どうしてですか?

저기요.　　　　[tɕɔgijɔ ~ tɕɔgijo]　あの, すみません.

정말이요.　　　[tɕɔŋmarijɔ ~ tɕɔŋmarijo]　あ, ほんとですか.

10-4 母音の無声化

狭い母音],ㅓ,ㅜ,ㅡ は,[激音 ㅍ,ㅌ,ㅊ,ㅋ,ㅎ や,摩擦音 ㅅ,ㅆ といった無声音の直後に来ると],→ 無声化することがある

　狭い母音],ㅓ,ㅜ,ㅡ は,激音 ㅍ,ㅌ,ㅊ,ㅋ,ㅎ や,摩擦音 ㅅ,ㅆ といった無声音の直後に来ると,稀に無声化することがある. **無声化**とは,その舌や唇は当該の母音の形をしていても,声帯が振動せず,「声」が伴わない状態である. 日本語では東京方言などで「おひさしぶりです」/ohisasiburidesu/のごとく,無声子音に挟まれたり無声子音の後に来る母音の無声化が, はなはだ顕著であるが,ソウルことばの無声化ははるかに少ない:

시간 [ʃigan] 時間　　　투사 [tʰusa] 闘士

10-5 文節末における ㅗ[o]の ㅜ[u]化

[ソウルことばでは],文節末に来る円唇母音 ㅗ[o] が → さらに狭い円唇母音 ㅜ[u] で発音されることがある

　ソウルことばでは,「먹고」(食べて) が「먹구」[먹꾸],「좋고」(いいです) が「좋구」[조쿠],「나도」(私も) が「나두」と発音されることがある. 文節末で ㅗ[o] がさらに狭い母音 ㅜ[u] となったものである. これらはソウル方言形であるが,〈話すように書く〉ことを意図した, 例えば小説の会話文やシナリオ, インターネット上の書き込みなどでは, しばしば「먹구」,「좋구」,「저두」のように表記される:

먹고 [mɔkʲko 먹꼬]　➡　먹구 [mɔkʲku 먹꾸]　食べて

좋고 [tʃokʰo 조코]　➡　좋구 [tʃokʰu 조쿠]　良いし

나도 [nado 나도]　➡　나두 [nadu 나두]　私も

바로 [paro 바로]　➡　바루 [paru 바루]　まさに.すぐに

11 2字母の終声字母

11-1 異なる2字母で書かれる終声字母は1つのみ発音する

ㅄや ㄺのように異なる2字母で書かれる終声字母は,[当該の音節だけを単独で発音するときや,次に子音が来るときは] → 片方だけを発音する

　없다 (ない.いない) や읽다 (読む) のように,終声字母の位置に,ㅄの ㄺように異なる2字母が書かれる単語がある. 音のレベルでは,終声に立つことができる音は,①鼻音ㅂ [m],ㄴ[n],ㅇ[ŋ],②口音ㅂ[ᵖ],ㄷ[ᵗ],ㄱ[ᵏ],そして③流音 ㄹ[1] の7種のみであった. 文字のレベルでは,終声字母の位置に,これら7種以外の子音**字母**が書かれても,**終声規則** (p.36) によって必ずこれらの7種の音に還元されて発音される. ㅄの ㄺなどでも終声規則 (p.45) により,片方だけが発音される:

184

① 前の子音字母を読むもの

ᆪ ᆬ ᆭ ᆰ ᆳ ᆶ ᆴ ᆹ

값 [갑 kaᵖ] 値段   삯 [삭 saᵏ] 賃金

② 後ろの子音字母を読むもの

ᆰ ᆱ ᆵ　(래)

닭 [닥 taᵏ] 鶏   삶 [삼 sam] 生きること

읽다 [익따 iᵏʔta] 読む   없고 [업꼬 ɔpʔko] ないし. いないし

밟다 (踏む) のみ, [밥따] とㅂで読む.

11-2 〈2終声字母で書かれる音節〉＋〈母音で始まる助詞や指定詞-이다, 語基形成母音 -으-, -아/어-〉は〈終声の初声化〉を起こす

[ᆹのᆰように異なる2終声字母で書かれる音節に, 母音で始まる助詞や指定詞-이다, 語基形成母音-으, -아/어が結合すると] → 終声の初声化が起こる

값이 (値段が), 닭이에요 (鶏です), 없어요 (ありません. いません) や 읽으면 (読めば), のように, 異なる2つの終声字母で書かれる音節に, 母音で始まる音節が結合すると, 終声の初声化が起こる. 終声の初声化を起こす母音で始まる音節は, 助詞・語尾や指定詞-이다, 語基形成母音に限られる.

●これらの後ろに, 母音で始まる語尾 (助詞) や指定詞-이다 (…である), 語基形成母音がつくと, 終声の初声化を起こし, 2文字両方が読まれる:

값이　　　[갑씨 kapʔʃi] 値段が　＊助詞-이 (…が)

값입니다 [갑씸니다 kapʔʃimnida] 値段です　＊指定詞-이다 (…である)

읽으면　　[일그면 ilgɯmjɔn] 読めば　＊第Ⅱ語基を作る語基形成母音-으-

없어요　　[업써여 ɔpʔsɔjo] ありません　＊第Ⅲ語基を作る語基形成母音-어-

●体言に, 母音で始まる助詞・語尾や指定詞-이다 (…である) がつく場合のみ, 話しことばでは, しばしば1文字で書かれる終声のように発音される. 用言では必ず上記の発音となり, この現象は起こらない:

값이　　　[가비 kabi] 値段が　＊助詞-이 (…が)

값입니다 [가빔니다 kabimnida] 値段です　＊指定詞-이다 (…である)

●2つの終声字母で書かれる終声を持つ音節の後ろに, 母音で始まる語尾 (助詞) や指定詞-이다 (…である) ではなく, 独立した単語が連なる場合は, 5-3で見た〈2単語にまたがる終声の初声化〉が起こる:

값 値 ＋ 없다 ない ⇒ 값없다 [가법따 kabɔpʔta カボプタ] 値打ちがない

＊ [갑썹따 kapʔsɔpʔta カプソプタ] とはならない

185

子音＼母音	ㅏ a 「ア」	ㅑ ja 「ヤ」	ㅓ ɔ 広い「オ」	ㅕ jɔ 広い「ヨ」	ㅗ o 狭い「オ」	ㅛ jo 狭い「ヨ」	ㅜ u 円唇の「ウ」	ㅠ ju 円唇の「ユ」	ㅡ ɯ 平唇の「ウ」	ㅣ i 「イ」
ㄱ k	가 カ ka	갸 キャ kja	거 コ kɔ	겨 キョ kjɔ	고 コ ko	교 キョ kjo	구 ク ku	규 キュ kju	그 ク kɯ	기 キ ki
ㄲ ˀk	까 カ ˀka	꺄 キャ ˀkja	꺼 コ ˀkɔ	껴 キョ ˀkjɔ	꼬 コ ˀko	꾜 キョ ˀkjo	꾸 ク ˀku	뀨 キュ ˀkju	끄 ク ˀkɯ	끼 キ ˀki
ㄴ n	나 ナ na	냐 ニャ nja	너 ノ nɔ	녀 ニョ njɔ	노 ノ no	뇨 ニョ njo	누 ヌ nu	뉴 ニュ nju	느 ヌ nɯ	니 ニ ni
ㄷ t	다 タ ta	댜 テャ tja	더 ト tɔ	뎌 テョ tjɔ	도 ト to	됴 テョ tjo	두 トゥ tu	듀 テュ tju	드 トゥ tɯ	디 ティ ti
ㄸ ˀt	따 タ ˀta	땨 テャ ˀtja	떠 ト ˀtɔ	뗘 テョ ˀtjɔ	또 ト ˀto	뚀 テョ ˀtjo	뚜 トゥ ˀtu	뜌 テュ ˀtju	뜨 トゥ ˀtɯ	띠 ティ ˀti
ㄹ r	라 ラ ra	랴 リャ rja	러 ロ rɔ	려 リョ rjɔ	로 ロ ro	료 リョ rjo	루 ル ru	류 リュ rju	르 ル rɯ	리 リ ri
ㅁ m	마 マ ma	먀 ミャ mja	머 モ mɔ	며 ミョ mjɔ	모 モ mo	묘 ミョ mjo	무 ム mu	뮤 ミュ mju	므 ム mɯ	미 ミ mi
ㅂ p	바 パ pa	뱌 ピャ pja	버 ポ pɔ	벼 ピョ pjɔ	보 ポ po	뵤 ピョ pjo	부 プ pu	뷰 ピュ pju	브 プ pɯ	비 ピ pi
ㅃ ˀp	빠 パ ˀpa	뺘 ピャ ˀpja	뻐 ポ ˀpɔ	뼈 ピョ ˀpjɔ	뽀 ポ ˀpo	뾰 ピョ ˀpjo	뿌 プ ˀpu	쀼 ピュ ˀpju	쁘 プ ˀpɯ	삐 ピ ˀpi
ㅅ s	사 サ sa	샤 シャ ʃa	서 ソ sɔ	셔 ショ ʃɔ	소 ソ so	쇼 ショ ʃo	수 ス su	슈 シュ ʃu	스 ス sɯ	시 シ ʃi
ㅆ ˀs	싸 サ ˀsa	쌰 シャ ˀʃa	써 ソ ˀsɔ	쎠 ショ ˀʃɔ	쏘 ソ ˀso	쑈 ショ ˀʃo	쑤 ス ˀsu	쓔 シュ ˀʃu	쓰 ス ˀsɯ	씨 シ ˀʃi

母音 / 子音	ㅏ a 「ア」	ㅑ ja 「ヤ」	ㅓ ɔ 広い「オ」	ㅕ jɔ 広い「ヨ」	ㅗ o 狭い「オ」	ㅛ jo 狭い「ヨ」	ㅜ u 円唇の「ウ」	ㅠ ju 円唇の「ユ」	ㅡ ɯ 平唇の「ウ」	ㅣ i 「イ」
ㅇ 子音なし	아 ア a	야 ヤ ja	어 オ ɔ	여 ヨ jɔ	오 オ o	요 ヨ jo	우 ウ u	유 ユ ju	으 ウ ɯ	이 イ i
ㅈ tʃ	자 チャ tʃa	쟈 チャ tʃa	저 チョ tʃɔ	져 チョ tʃɔ	조 チョ tʃo	죠 チョ tʃo	주 チュ tʃu	쥬 チュ tʃu	즈 チュ tʃɯ	지 チ tʃi
ㅉ ʔtʃ	짜 チャ ʔtʃa	쨔 チャ ʔtʃa	쩌 チョ ʔtʃɔ	쪄 チョ ʔtʃɔ	쪼 チョ ʔtʃo	쬬 チョ ʔtʃo	쭈 チュ ʔtʃu	쮸 チュ ʔtʃu	쯔 チュ ʔtʃɯ	찌 チ ʔtʃi
ㅊ tʃʰ	차 チャ tʃʰa	챠 チャ tʃʰa	처 チョ tʃʰɔ	쳐 チョ tʃʰɔ	초 チョ tʃʰo	쵸 チョ tʃʰo	추 チュ tʃʰu	츄 チュ tʃʰu	츠 チュ tʃʰɯ	치 チ tʃʰi
ㅋ kʰ	카 カ kʰa	캬 キャ kʰja	커 コ kʰɔ	켜 キョ kʰjɔ	코 コ kʰo	쿄 キョ kʰjo	쿠 ク kʰu	큐 キュ kʰju	크 ク kʰɯ	키 キ kʰi
ㅌ tʰ	타 タ tʰa	탸 テャ tʰja	터 ト tʰɔ	텨 テョ tʰjɔ	토 ト tʰo	툐 テョ tʰjo	투 トゥ tʰu	튜 テュ tʰju	트 トゥ tʰɯ	티 ティ tʰi
ㅍ pʰ	파 パ pʰa	퍄 ピャ pʰja	퍼 ポ pʰɔ	펴 ピョ pʰjɔ	포 ポ pʰo	표 ピョ pʰjo	푸 プ pʰu	퓨 ピュ pʰju	프 プ pʰɯ	피 ピ pʰi
ㅎ h	하 ハ ha	햐 ヒャ hja	허 ホ hɔ	혀 ヒョ hjɔ	호 ホ ho	효 ヒョ hjo	후 フ hu	휴 ヒュ hju	흐 フ hɯ	히 ヒ hi

◆ 反切表の字母の順序は，韓国の一般の辞書の字母の順序となっている.

◆ 大韓民国の主な辞書における母音字母の順序は以下のとおり：

母音：ㅏ, ㅐ, ㅑ, ㅒ, ㅓ, ㅔ, ㅕ, ㅖ, ㅗ, ㅘ, ㅙ, ㅚ, ㅛ, ㅜ, ㅝ, ㅞ, ㅟ, ㅠ, ㅡ, ㅢ, ㅣ

子音は上の表のとおり.

◆ 朝鮮民主主義人民共和国の辞書における字母の順序は以下のとおり：

母音：ㅏ, ㅑ, ㅓ, ㅕ, ㅗ, ㅛ, ㅜ, ㅠ, ㅡ, ㅣ, ㅐ, ㅒ, ㅔ, ㅖ, ㅚ, ㅟ, ㅢ, ㅘ, ㅝ, ㅙ, ㅞ

子音：ㄱ, ㄴ, ㄷ, ㄹ, ㅁ, ㅂ, ㅅ, ㅇ, ㅈ, ㅊ, ㅋ, ㅌ, ㅍ, ㅎ, ㄲ, ㄸ, ㅃ, ㅆ, ㅉ

◆ ☐平音 ☐濃音 ☐激音

日本語の五十音をハングルで書く

	ア	イ	ウ	エ	オ				
ア行	아	이	우	에	오				
	カ	キ	ク	ケ	コ	キャ		キュ	キョ
カ行	가 카	기 키	구 쿠	게 케	고 코	갸 캬		규 큐	교 쿄
	サ	シ	ス	セ	ソ	シャ	シュ	シェ	ショ
サ行	사	시	스	세	소	샤	슈	셰	쇼
	タ	チ	ッ	テ	ト	チャ	チュ	チェ	チョ
タ行	다 타	지 치	쓰	데 테	도 토	자 차	주 추	제 체	조 초
						ツァ		ツェ	ツォ
						자 차		제 체	조 초
			テュ						
			듀 튜						
		ティ	トゥ						
		디 티	두 투						
	ナ	ニ	ヌ	ネ	ノ	ニャ	ニュ	ニェ	ニョ
ナ行	나	니	누	네	노	냐	뉴	녜	뇨
	ハ	ヒ	フ	ヘ	ホ	ヒャ	ヒュ	ヒェ	ヒョ
ハ行	하	히	후	혜	호	햐	휴	혜	효
						ファ フィ		フェ	フォ
						화 휘		훼	훠
	マ	ミ	ム	メ	モ	ミャ	ミュ	ミェ	ミョ
マ行	마	미	무	메	모	먀	뮤	몌	묘
	ヤ		ユ	イェ	ヨ				
ヤ行	야		유	예	요				

ラ行	ラ 라	リ 리	ル 루	レ 레	ロ 로	リャ 랴	リュ 류	リェ 례	リョ 료
ワ行	ワ 와				ヲ 오		ウィ 위	ウェ 웨	ウォ 워
ガ行	ガ 가	ギ 기	グ 구	ゲ 게	ゴ 고	ギャ 갸	ギュ 규		ギョ 교
ザ行	ザ 자	ジ 지	ズ 즈	ゼ 제	ゾ 조	ジャ 자	ジュ 주	ジェ 제	ジョ 조
ダ行	ダ 다	ヂ 지	ヅ 즈	デ 데	ド 도		デュ 듀		
						ディ 디	ドゥ 두		
バ行	バ 바	ビ 비	ブ 부	ベ 베	ボ 보	ビャ 뱌	ビュ 뷰	ビェ 볘	ビョ 뵤
パ行	パ 파	ピ 피	プ 푸	ペ 페	ポ 포	ピャ 퍄	ピュ 퓨	ピェ 폐	ピョ 표

	가카のように2つあるものは，次のように使い分ける
◆	頭の清音 　→ 平音ㄱ,ㄷ,ㅂ,ㅅ 語中の清音 　→ 激音ㅋ,ㅌ,ㅍ,ㅊ 語中の濁音 　→ 平音ㄱ,ㄷ,ㅂ,ㅅ
	なかがわ：나카가와，すずき：스즈키
◆	促音「ッ」はㅅ：　　はっとり 핫토리，ほっかいどう：홋카이도 「ン」はㄴ：　　けんじ：겐지 長音は表記しない：さとう：사토

語尾や接尾辞. 助詞などの索引

191

198

199

語彙索引（日本語 → 韓国語）

205

206

著　者

金　珍娥 (きむ・じな　김 진아)

談話論，日韓対照言語学，韓国語教育．東京外国語大学大学院博士前期課程・後期課程修了．博士(学術)．著書に『談話論と文法論 —日本語と韓国語を照らす』(くろしお出版) =『담화론과 문법론』(역락．大韓民国学術院優秀学術図書)，『ドラマティック・ハングル —君，風の中に』(朝日出版社)，『カナヘイの小動物 ゆるっとカンタン韓国語会話』(Jリサーチ出版)，共著に『Viva! 中級韓国語』(朝日出版社)，『韓国語学習講座 凛 1 入門』(大修館書店)，『ニューエクスプレス韓国語』(白水社) など．2021 年駐日大韓民国大使館 youtube 韓国語講座 jina-ssem tv 講師・企画・制作．2005 年度 NHK テレビハングル講座講師．2014-2015 年，延世大学校客員研究員．現在，明治学院大学教授．

野間　秀樹 (のま・ひでき　노마 히데키)

言語学，朝鮮言語学，韓国語教育．論著に『言語存在論』(東京大学出版会)，『言語 この希望に満ちたもの』(北海道大学出版会)，『ハングルの誕生』(平凡社．アジア・太平洋賞大賞) =『한글의 탄생』(金珍娥・金奇延・朴守珍共訳．돌베개)，『韓国語をいかに学ぶか』(平凡社)，『한국어 어휘와 문법의 상관구조』(韓国語 語彙と文法の相関構造．太学社．大韓民国学術院優秀学術図書) など．編著に『韓国語教育論講座 1-4』(くろしお出版)，『韓国・朝鮮の知を読む』(クオン．パピルス賞) =『한국의 지 (知) 를 읽다』(김 경 원 訳．위즈덤하우스)，共編に『韓国・朝鮮の美を読む』(クオン) など．大韓民国文化褒章．ハングル学会周時経学術賞．東京外国語大学大学院教授，ソウル大学校韓国文化研究所特別研究員，国際教養大学客員教授，明治学院大学客員教授・特命教授などを歴任．

村田　寛 (むらた・ひろし　무라타 히로시)

朝鮮語学．文法論．東京外国語大学大学院博士前期課程修了．韓国ソウル大学校大学院博士課程単位取得修了．論著に「＜連体形＋것 같다＞をめぐって —現代朝鮮語のムード形式の研究—」(『朝鮮学報』第 168 輯，朝鮮学会)，「現代朝鮮語の連体節のテンスについて」(『九州大学留学生センター紀要』第 13 号，九州大学)，「15 世紀朝鮮語の対格について —単語結合論の観点から—」(『朝鮮学報』第 197 輯，朝鮮学会)，「中期朝鮮語の〈ᄒᆞ다〉形について」(『朝鮮語研究 2』，朝鮮語研究会)，「15 世紀朝鮮語の〈-로〉格について —単語結合論の観点から—」(『朝鮮語研究 3』，朝鮮語研究会)，「格をめぐって」「アスペクトをめぐって」(『韓国語教育論講座 2』，くろしお出版)，共著に『ぷち韓国語』(朝日出版社) など．九州大学大学院専任講師，福岡大学教授などを歴任．

はばたけ！ 韓国語 ライト版 1

検印
省略

© 2022 年 1 月 30 日 初版　発行

著　者　　　金　珍　娥
　　　　　　野　間　秀　樹
　　　　　　村　田　寛

発行者　　　原　雅　久

発行所　　　株式会社 朝 日 出 版 社

〒 101-0065 東京都千代田区西神田 3-3-5
電話 (03)3239-0271・72 (直通)
振替口座　東京　00140-2-46008
http://www.asahipress.com/
欧友社／図書印刷